Winter

Bittere Orangen im Glas

Frank Winter

Bittere Orangen im Glas

Schottland-Krimi mit Rezepten

Oktober Verlag
Münster in Westfalen

Haftungsausschluss: Die Rezepte dieses Buchs wurden von Verlag und Herausgeber sorgfältig erwogen und geprüft. Dennoch kann eine Garantie nicht übernommen werden. Die Haftung des Verlags bzw. des Herausgebers für Personen-, Sach- und Vermögensschäden ist ausgeschlossen.

Frank Winter kennt Edinburgh und Schottland wie seine Westentasche. Immer wieder zieht es ihn in die urwüchsige schottische Landschaft, seine historischen Städte und zu den geheimnisvollen Seen.
Gleich seinem Helden Angus MacDonald setzt er sich für die Küche des Landes ein. Sein Buch »Schottisch kochen« (erschienen im Verlag Die Werkstatt) wurde von der Gastronomischen Akademie Deutschlands mit einer Silbermedaille ausgezeichnet. Ebenfalls ausgezeichnet wurde sein Buch »MarmelaMania: Herrlich verrückte Marmeladen-Kompositionen«, und zwar mit dem Gourmand International Award in der Kategorie »Single Subject« (erschienen im Jan Thorbecke Verlag).

Am Hawerkamp 31, 48155 Münster
www.oktoberverlag.de mail@oktoberverlag.de

Satz und Umschlag: Thorsten Hartmann unter Verwendung eines Fotos von guvendemir / iStockphoto
Rezepte: Frank Winter
Druck: DigitalDruck Münster
Rudolf-Diesel-Str. 4, 48157 Münster

ISBN: 978-3-946938-54-5

Inhalt

Die Personen

Angus Thinnson MacDonald
Der große Gourmet verbringt glückliche Stunden mit dem Einmachtopf. Während seines neuen Falls ziehen dann allerdings gleich zwei Gentlemen bei ihm ein …

Alberto Vitiello
Nein! Unser italienischer Guest-House-Besitzer hat keine Affäre mit einer anderen Frau. Immer noch nicht!

Apolonia Hope-Weir
Schon in sehr jungen Jahren erfolgreich, entwickelte die Unternehmerin einige Marotten.

Rona Howatson
Das Domizil der Verlegerin ist eigenwillig und sie nimmt großen Anteil am Leben ihrer Autoren …

Keith Howatson
Die Aufgaben des Verlegerinnengatten kristallisieren sich erst im Laufe des Falles heraus.

Butler Reginald
Wegen der Verstrickung des Butlers in den Fall bekommen MacDonald und Vitiello fast Streit. Angus für seinen Teil schätzt Reginalds professionelles Gebaren.

Sophie Tawse
Miss Hopes Mitarbeiterin gehört einer ungewöhnlichen, mobilen Gruppierung an, die in Edinburgh ihr Unwesen treibt.

Dr. Karen Miller
Frau Doktor gibt ihrem Angus abermals eine Chance, die er bedauerlicherweise nicht recht zu nutzen vermag.

… sowie weitere Personen in Edinburgh.

»Edinburgh hat einen bleibenden Eindruck bei mir hinterlassen. Es ist wunderschön. Albert, der bereits so viele Orte bereiste, sagt, die Stadt lässt sich mit keiner anderen vergleichen.«

Queen Victoria (1819–1901), in einem Brief

Wenn das Leben dir Bitterorangen gibt ...

Angus MacDonald war beglückt! Um zehn Uhr in der Früh lieferte der Paketbote feinste Bitterorangen aus Mallorca, und dem ersten Kapitel seines Marmeladenbuches stand nichts mehr im Wege. Für gewöhnlich sendeten die Betreiber der mallorquinischen Bio-Plantage *Fet à Soller* keine Ware nach Großbritannien. Doch nach seinem Zeitungsartikel über außergewöhnliche Fruchtqualität kam es zum ebenso unerwarteten wie geschätzten Genuss. So saß er nun in der Küche und inspizierte eine Orange nach der anderen. Makellos! Etwa zehn Minuten später, beim Sortieren von Einmachgläsern, klingelte es wieder: RING! RING! RIIIING! Bonuslieferung mit Whisky? Gerne einen zwölfjährigen Glenallachie. Weit gefehlt, Freund und Co-Detektiv Alberto Vitiello wollte sich auf ungestüme Art Eintritt verschaffen, und unmutig schritt MacDonald zur Haustür.

»Du bist ja zu Hause!«

Der Italiener hielt wie meistens sein mobiles Telefon in der Hand, auf Italienisch liebevoll Telefonino genannt. Es gab zu viele Menschen, die ohne dieses Gerät nicht mehr lebensfähig waren. »Auch euch beiden einen schönen guten Morgen.«

»Wieso Plurale? Ich bin nicht il pappa. Der Papst wohnt in Roma!«

»Auf deinen kleinen Begleiter bezog ich mich.«

»Che? Was? Ist ja auch egal. Wir müssen dringend reden.«

»Habt ihr keine Gäste zu versorgen?«

»No! Im Winter verirren sich kaum Touristen nach Schottland.«

»Du willst mir helfen, Marmeladenrezepte zu entwickeln?«

»Niemals!«

Angesichts solcher Heftigkeit wich MacDonald zurück.

»Als Kind verbrühte mich meine Großmutter mit kochend heißer Frutta!«

»Doch nicht absichtlich?«

»Nein, aber der Schmerz war furchtbar. Es dauerte Jahre, bis die riesige Brandwunde auf meinem Arm verschwand. Sprechen wir in la cucina?«

»Dein Wunsch ist mir Begehren.« MacDonald wies mit gestrecktem Arm den Weg. »Bitte sehr, auf in die Küche.«

»Was ist denn hier passiert? Es riecht wie im Orangenhain.« Vitiello las laut den Slogan der Obstkiste. »Fresca da Mallorca! Kann man wohl sagen. Frischer geht's kaum.«

»Betörender Duft, nicht wahr?«

»Si, incredibile! Doch deswegen bin ich nicht zu dir gekommen.«

»Earl Grey?« MacDonald füllte den Wasserkocher und drückte das Knöpfchen. »Nehmen wir eine Kleinigkeit zu uns?«

»Maria meint, ich solle abnehmen und deine Frau Doktor …«

»*Hobnobs*?«

»Bitte, ja. Angus, höre mir genau zu. Es geht um Apolonia Hope-Weir.«

»Jene junge Dame von Crazy Jam?«

»Esatto. Sie steckt in Schwierigkeiten.«

MacDonald schwante, dass man ihn von seinem Buchprojekt fernhalten wollte. »Was ist das Problem?«

Alberto wischte über sein Telefon und hielt es ihm unter die Nase. »Schau selbst.«

Zögerlich nahm Angus den Apparat in die Hand. »Leider kann ich nichts erkennen. Sind Beeren abgebildet? Blumenbeete gar?«

»Früher oder später benutzen wir alle Lesebrillen! Gesicht, Gesicht.«

»Menschliches Antlitz?!«

Alberto nickte wie jemand, der kondoliert.

»Armes Mädchen! Wer richtete sie so grässlich zu?« Angus, seines letzten Satzes gewahr werdend, biss sich in die Unterlippe. Aufbegehren war schier unmöglich, denn Menschen in Not konnte er Hilfe nicht verweigern.

Vitiello betrachtete ihn aufmerksam und nickte. »Genau das müssen wir herausfinden.«

»Es tut mir sehr leid, aber Angus MacDonalds Zeitkontingent für Detektion ist erschöpft. Der letzte Fall usurpierte zu viel Aufmerksamkeit.«

»Mir ging es nicht anders, Amico.«

»Erstaunlich, in meiner Erinnerung beteiligte Herr Guest-House-Betreiber sich an der Ermittlung nur widerwillig. Im Prinzip löste ich den Fall alleine.«

»Einspruch! Wäre ich nicht gewesen, hättest du immer noch mit einem Wasserrohrbruch zu kämpfen! Was gibt es so Dringendes zu tun?«

»Ich entwickle Marmeladen-Rezepte.«

»Die arme Apolonia hat Todesangst und du kochst Blutorangen ein?«

»Keine Kruditäten, bitte! Wo kommen wir mit schwammiger Ausdrucksweise hin! Bitterorangen sind es, nicht Blutorangen.«

Alberto betrachtete beschämt den Boden. Ging es um Essen und Trinken, verstand der große Gourmet keinen Spaß.

MacDonald zupfte am Ärmel seines Harris-Tweed-Jacketts. »Verzeih, Alberto. Ich wollte nicht laut werden. Gibst du mir bitte mehr Fakten?«

»Du bist also mit von der Partie? Eccelente!«

»Wann wurde die Fotografie angefertigt?«

»Vor zwei Wochen.«

»Augenblick mal. Wenn die Geschädigte kein Problem mit solcher Verunzierung hat, warum werden wir dann tätig?«

»Apolonia verbrachte die letzte Zeit im Bett.«

»Ja …?«

»Es ging ihr nicht gut.«

»Raten soll ich demnach? Schön, sie möchte Polizisten fernhalten, nimmt die Sache nicht ernst, hält auch private Detektive für überflüssig?«

Alberto lachte. »Genau unsere Kragenweite.«

»Da kann man geteilter Meinung sein. Woher kennst du Miss Hope-Weir?«

»Ihre, äh, Mutter ist Italienerin.«

»So betrachtet müsste ich jedem schottischen Verbrechensopfer helfen, was schon daran scheiterte, dass ich …«

»… nur Verbrechen aufkläre, die sich gegen authentisches Essen und Trinken wenden.«

»Schlaumeier!«

»Grazie.«

»Woher stammt Miss Apolonias Familie?«

»Edinburgh, South Morningside.«

»In Italien, meinte ich.«

Alberto tupfte sich Schweiß von der Stirn. »Friuli …«

»Wie schön. Aus größerer Stadt? Udine, Triest gar?«

»Cormons«, sagte der Italiener leise.

»Dein Heimatort.«

Ein Gentleman bedrängt niemanden, und so hatte Angus nicht nachgefragt. Falls Alberto ihm mehr über sein Verhältnis zu Familie Hope-Weir mitteilen wollte, würde er es tun. Mangelnde Lust zu reden konnte man ihm nicht vorwerfen. MacDonald schritt in das Arbeitszimmer und schaltete den Computer ein. Gegensätzlich zum Gros der Mitmenschen zog er nur fundierte Quellen zu Rate. Keinesfalls gehörte dazu ein sogenanntes Lexikon selbst ernannter Experten. Marmelade zu kochen hatte in Apolonias Familie Tradition, wie ihm die Firmen-Website suggerierte. Außergewöhnlich an Miss Hopes Kreationen waren die Zutaten. Niemand vor ihr verwendete etwa Gemüse. Auch ich nicht, dachte sich MacDonald, der keinem kulinarischen Wagnis abgeneigt war. Geradezu genial, das Gemüse mit Obst zu kombinieren: etwa Pastinake mit Mango, in kräftigem spanischem Rotwein gebadet. Anfangs bot Apolonia ihre Kreationen Nachbarn feil, für ein vierzehnjähriges Mädchen sehr mutig. Kaum abgekühlt, wurden die Produkte höflich lächelnd entgegengenommen und bezahlt. Der Teenager ging zu Wochenmärkten und Festen, sämtlichen schottischen Jahreszeiten wacker trotzend, mitunter zu mehreren an einem Tag. Selbst die größten Kritiker verstummten, wenn sie kosteten und Miss Hopes Beharrlichkeit siegte. Jedermann und jede Frau wollte ihre Marmeladen kosten. Die Familienküche mutierte zur Produktionsstätte, für kochende Italiener ein immenses Opfer. Dennoch ließen sich pro Tag nur tausend Gläschen produzieren. Zu wenig, um die Nachfrage zu befriedigen. Miss Hope-Weir erwarb eine Fabrikhalle und beschäftigte Angestellte. Die Familie war nicht reich. Der Vater starb früh und Mutter Hope-Weir zog Apolonia mit schmalem Angestelltengehalt alleine auf. Woher stammte das Kapital? Banken konnte man ausschließen. Von privaten Gönnern? In keinem der zahlreichen Interviews mit Miss Hope-Weir gab es Hinweise. Normalerweise machten sich Journalisten über so etwas Gedanken …

Am nächsten Morgen stieg MacDonald in seinen geliebten VW Käfer und kämpfte sich Dean Villages Anhöhe hoch. Irgendetwas stimmte nicht. Selbst auf gerader Strecke ruckelte das Gefährt. Die weitere Fahrt ging er gemächlich an und war froh, es bis zur Villa Buongiorno zu schaffen. Alberto wartete vor der Tür, trommelte auf der Armbanduhr einen mahnenden Marsch. »Du bist zu spät!«

»Good morning, sir.«

»Fahren wir endlich los?«

»Warum mit Grüßen Zeit verschwenden. Jawohl, wir können aufbrechen, doch mit meinem Fahrzeug nicht. Maria …?«

»Außer Haus, einkaufen, Freundin treffen. Irgend so etwas. Andiamo!« Vitiello schloss die Haustür ab, drückte zweimal dagegen und spurtete los.

»Behältst du dieses Tempo bei, sollte ein Spitalbett für mich bereitgehalten werden.«

»Diätest du wieder?«

»Wie wir alle wissen, führen solche Kasteiungen zu nichts. JoJo-Effekt ist unser Stichwort.«

»Geht es Leibärztin Karen gut?«

»Davon gehe ich aus!« Immer diese Frage! »Bat dich Miss Hopes Mutter um Hilfe?«

»Ja, nein, ich meine ja. Warum?«

»Du sagtest, dass Apolonia Hope-Weir alles auf die leichte Schulter nimmt. Sie wird es also kaum gewesen sein.«

»Keiner kann Sherlock Holmes etwas vormachen.«

»Danke für die Blumen. Wo wurde die junge Dame niedergeschlagen?«

»Vor ihrer Haustür.«

»Sie wohnt alleine?«

»Ohne Familie, aber mit Butler. Ist nicht schlimm, oder?«

»Eher sympathisch. Ich wäre auch der Letzte, Hausbetreuern ihren Lebensunterhalt abzustreiten. Höchst ehrenvolle Tätigkeit.«

»Siamo arrivato.«

»Bis zur Bushaltestelle ist es aber noch ein gutes Stück des Weges.«

»Apolonia wohnt in Hausnummer 47.«

»In deiner Straße? Seit wann bitte?«

»Noch nicht lange.«

»Großes Anwesen. Woher bezog die junge Dame ihr Startkapital?«

»Müssen wir immer gleich ans Geld denken?«

»Für den Fall könnte es wichtig sein.«

»Heute ist kein guter Zeitpunkt!«

»Erwartest du dringende Nachrichten, Alberto?«

»Nein, wieso denn?«

»Du betrachtest das mobile Telefon aufmerksamer als den Bürgersteig. Stolpergefahr!«

Alberto blieb stehen, zückte einen kleinen Handspiegel und kämmte sich.

»Wenn ich das gewusst hätte, wäre ich zum Friseur gegangen«, scherzte Angus. Vor der Eingangstür lagen Terracottafließen, davor standen Yuccapalmen. »Erstaunlich, dass die Gewächse unserem Klima trotzen, und hattest du nicht gesagt, dass Familie Hope-Weir aus dem Friaul stammt?«

»Si, wieso fragst du?«

»Dieser Vorhof besitzt süditalienisches Flair.«

»Wie es einem gefällt.« Alberto öffnete mit beiden Armen das schwere, schmiedeeiserne Tor. »Ob die Palmen echt sind?«

»Selbstverständlich«, schepperte eine Stimme aus der Gegensprechanlage. »Dieser Vorhof verfügt über Open-Air-Bodenheizung.«

»Wer war das?«, fragte Angus.

»Vielleicht der Butler.«

»Ganz recht.« Mit sonorem Ton öffnete sich die Tür. »Bitte einzutreten. Sie werden erwartet.«

»Mister MacDonald hatte Probleme mit seinem Auto«, erklärte Vitiello.

»Eine Rolle spielt das kaum mehr.«

»Stimmt, Signore.«

»Bin ich nicht«, tönte es aus dem Apparat.

»Prego?«

MacDonald kniff Alberto in den Arm. »Wir nehmen Ihr Angebot an, Sir.«

»Äh, was?«

»Gerne tritt man ein.«

MacDonald betrachtete die junge Dame, wie einem Gemälde entsprungen, vermutlich zu lange. Kein Aussehen, welches man klischeehaft mit Italien verband: elfenbeinfarbene Haut und feuerrote Haare, dabei schlank und von hohem Wuchs, rundum reizende Erscheinung, im Overall, der ihr auch bekleckert noch ausgezeichnet stand. »Sie sind der Butler?«

»Wie ein Mann möchte ich kaum aussehen!«

»Es ist nur, weil gerade dieser Gentleman zu uns sprach …«

»Nönö, das war ich.«

»Sind Sie sicher?«

»Absolut, ja. Wenn Reginald frei hat, äff ich ihn gerne nach. Verpfeift mich bloß nicht!« Sie steckte die Hände in die Hosentaschen und wackelte mit dem Kopf. »Ahaha!« Nur aufgrund der Buchstaben war das Lachen als solches zu erkennen.

Der Gourmet streckte ihr die Hand entgegen. »Angenehm, Angus Thinnson MacDonald.«

»Wer hat sich den Namen ausgedacht?«

»Dahinter steckt eine außerordentlich lange Geschichte.« Am liebsten würde er der jungen Frau diese verschweigen.

»Hab' Zeit.«

»Ciao Apolonia«, sagte Alberto.

Sie küsste Vitiello schmatzend auf beide Wangen. »Also, Mister MacDonald …?«

»Es geschah in meiner Kindheit. Dad kehrte spätabends vom Pub nach Hause. Wie es der Zufall so wollte, nahm ich gerade einen kleinen Imbiss zu mir. Ständig hänselte er mich wegen angeblicher Gewichtsprobleme. Da viele schottische Nachnamen auf ›son‹ enden, hielt Senior es für glorreich, mir den zweiten Namen »Thinnson« zu verpassen. Als Ansporn, thin, also dünn, zu werden.«

»Das habe nicht einmal ich gewusst«, sagte Alberto. »Aber warum schreibt man's mit zwei ›n‹?«

»Müssen wir das ebenfalls erörtern?«

»Au ja«, sagte Apolonia.

»Papa war, äh, betrunken … am nächsten Tag wollte er nicht mehr davon abrücken, erklärte, dass doppelt besser hält. Im Laufe der Zeit vergaß ich den eher peinlichen Ursprung des zweiten Namens und gewann ihn lieb. Können wir nun bitte über den Fall sprechen?«

»Wollen wir uns duzen?«

»Naturalmente«, erwiderte Alberto für seinen Freund und klopfte ihm auf die Schulter. »Oder, Angus?«

»Freilich«, sagte der Gourmet, obwohl kein Freund rascher Vertraulichkeit. »Wir sind gekommen, um über das Missgeschick zu parlieren.«

»Parlieren? Italiener sagen parlare. Stimmt's, Alberto?«

»Sisi, parlare«, erwiderte Vitiello, als ob man ihn zu einem bedeutenden historischen Ereignis befragte.

»Miss Hope-Weir, niedergeschlagen zu werden, ist grässlich. Auch mir widerfuhr es schon.«

»Widerfahren, klasse!«

Sie würde hoffentlich nicht jedes seiner Worte wiederholen?!, dachte MacDonald.

»Excusa. Wollte dich nicht vor den Kopf stoßen, Angus. Nönö.«

»Das geht mir ein wenig zu …« Beinahe hätte er sich beschwert, geduzt zu werden! »Alberto erzählte mir, dass die Untat vor der Haustür geschah.«

»Hab's mir anders überlegt. Spielt keine Rolle mehr.«

»Was zum Kuckuck …«

»Tolles Haus hast du, Apolonia«, lobte Alberto.

»Grazie. War 'ne Menge Arbeit.«

»Sie richteten selbst ein?«

»Uno momento, Angus! Ich möchte den Flur verlassen und endlich Apolonias Cucina sehen.«

»Italiener und ihre Küchen!«

»Willst du sie etwa nicht in deinen geliebten Augenschein nehmen, Mister Angus?« Apolonia lächelte. Die Küche befand sich auf der Rückseite des Hauses. Zwei große Glastüren mündeten in einen schmucken Garten. Treibhäuser, wohin das Auge blickte. Aadi Panicker, ehemaliger Klient, besaß auch so ein städtisches Kleinod. »Zahlreiche Fruchtwünsche des Marmeladenkochs gehen hier in Erfüllung. Miss Apolonia, traumhaft ist es bei Ihnen.«

»Wir duzen uns! Schon vergessen?«, tadelte Alberto.

»Bitte um Verzeihung und werde mich bessern. Man merkt, dass Sie, äh, du deinem Beruf mit Leidenschaft nachgehst, Apolonia.«

»Wenn du Crazy-Jam-Marmeladen schon probiert hast, weißt du, dass Passione in ihnen steckt.«

»Selbstverständlich«, beteuerte MacDonald.

»Ahahaha!«

Erneut dieses Lachimitat! Bizarr!

»Auf den Arm genommen. Bist voll drauf reingefallen.« Apolonia klappte den Mund zu, so hastig, dass es sich anhörte, als ob jemand einen Stein ins Wasser warf. »Solange du mich nicht fragst, woher ich die Rezepte habe, Angus.«

»Weiß ich doch. Aus dem Internet! Isst du deine Erzeugnisse auch?«

»Schrott rühre ich nicht an!«

»Lebst du vom Verkauf der Marmeladen, Apolonia?«

»Weiß nicht. Du von den Büchern?«

MacDonald senkte das Kinn. »Nein, zum Lebensunterhalt führe ich einen landwirtschaftlichen Betrieb. Kuh Brenda gibt großzügig Milch, mit der ich Käse, Quark und Joghurt herstelle. Gütige Schafe spenden Wolle.«

»Jetzt schlägt's dreizehn!«, rief Vitiello. »Hast du Miss Armours Vierbeiner zurückgeholt?«[1]

Apolonia legte ihm die Hand auf die Schulter. »No, Alberto, wir wiederholen nur dämliche Fragen, die man uns ständig stellt.«

»Es ist mir eine große Freude, nicht der einzige leidgeprüfte Mensch zu sein.« MacDonald sah sich in der Küche um. Waage, Thermoskanne, Espresso-Maschine mit Kapselsystem, alle Accessoires aus Italien. »Alessi?«

Apolonia nickte. »Sind schick und funktionieren gut.«

»Letzteres ist längst nicht bei allen Designer-Artikeln der Fall.«

Alberto pfiff. »Excusate. Störe ich eure Unterhaltung?«

MacDonald schüttelte den Kopf. »Nein, völlig korrekt. Konzentrieren wir uns auf den Fall.«

»Wie 'ne Krimi-Serie der BBC«, meinte Apolonia.

»Es steht zu befürchten, dass der Rabauke abermals auftaucht.«

»Warum denn?«

»Erfahrungen leidgeprüfter Detektive.«

»Prima!«

Grund zur Freude gab es nicht eben! »Apolonia, wir möchten verhindern, dass dir erneut Schmerzen zugefügt werden.«

»Angus, du bist goldig.«

»Danke für dieses Kompliment. Ist dir der Rabauke bekannt?«

»Was ist das?«

»Ein Schläger.«

---

[1] Alberto spielt hier auf »Currys für Connaisseure« an.

»Mit so was verkehre ich nicht!«

»Niemand wollte das insinuieren ...«

»In... wie?«

»Darf ich?«, fragte Alberto listig.

»Bitte, ja. Mein Latein scheint nicht auszureichen.«

»Angus möchte wissen, ob du den Kerl schon mal gesehen hast, in der Nachbarschaft oder irgendwo in Edinburgh?«

»Müssen wir nicht mehr drüber reden!«

»War jemand zugegen, als es geschah?«

»No. Hab' zu tun. Schinken-Marmelade kocht sich nicht von alleine.«

»Gehen wir zu uns«, schlug Alberto vor und schlenderte los.

»Ich wüsste zu gerne, was sich zum Schinken gesellt.«

»Zucker?«

Der Feinschmecker seufzte. »Gelierzucker, natürlich, denn Schinken besitzt weder Säure noch Pektin. Unbedingt bedarf es aber eines Gegengewichtes im Geschmack. Als Solist wäre Schinken zu mächtig.«

»Kann ich die Tür öffnen?«

»Bitte, was?«

»Wir betreten unsere Villa Buongiorno«, sagte Alberto feierlich.

»Ist deine Bekannte stets so unzugänglich?«

»Non so, weiß ich nicht.«

»Könnte Mrs Hope-Weir senior uns weiterhelfen?«

»Glaube ich kaum.«

MacDonald strich sich den Zeigefinger über die Nase. »Miss Apolonia möchte offensichtlich nicht mehr darüber reden.«

»Wir könnten schauen, wer ihre Konkurrenten sind.«

»Guter Freund, ich bin einige Jahre im gastronomischen Sektor unterwegs und gut vernetzt ...«

»Perfetto! Was trinken wir? Nicht wieder Tee, oder?« Alberto machte ein spitzbübisches Gesicht und verschwand in der Küche. Mit großer Flasche und zwei Gläsern kehrte er zurück.

»Speyside-Glenlivet-Mineralwasser!«

Vitiello zelebrierte das Einschenken. »Dein liebstes acqua minerale.«

»Miss Apolonia ist Spitzenreiter im Marmeladenabsatz. Somit kommt jeder andere Produzent als Verdächtiger in Frage.«

»Prost Mahlzeit! Da haben wir eine Menge zu tun.«

»Kennst du ihren Butler?«

»Edinburgher Guest-House-Besitzer müssen nicht abends mit sämtlichen Butlern im Pub sitzen.«

»Mich interessiert, ob er während des Angriffs zu Hause war.«

»Apolonia hat es verneint, oder?«

»Hm, ja. Andererseits sah ich vorhin im Garten einen Mann, versteckt hinter Apfelbäumen.«

»Die gesamte Zeit, während wir da waren?«

»Nachdem ich ihn bemerkte, verschwand er. Später hatte ich den Eindruck, dass sich Apolonia absichtlich vor das Fenster stellte. Mir fällt da etwas ein.«

»Schieß los«, antwortete Alberto, stets zu haben für spontane Eingebungen.

»Apolonias Haus ist nur wenige Meter entfernt. Gehen wir in euren Garten und observieren ihr Anwesen.«

»Als Voyeure?«

»Eher, um der jungen Dame zu helfen.«

»Si, das ist etwas anderes.«

»Es freut mich, dass …« Sinnlos, dachte Angus. Sein Freund öffnete bereits die Tür zum Garten und hörte ihn nicht mehr.

MacDonald nahm das Fernglas von den Augen. »Clan-Stewart-Tartan trägt der Herr.«

»Mehr fällt dir dazu nicht ein?«

»Exzellent verarbeitet. Solche Qualität findet man …«

Vitiello hob imperatorisch den Arm. »Unser Fall hat Vorrang.«

»Eine weniger exaltierte Antwort hätte niemandem zum Schaden gereicht«, empörte Angus sich. »Hast du sein Instrument vorher schon vernommen?«

Alberto kratzte sich umständlich am Kopf.

»Nun?«, fragte MacDonald.

»No! Diese doofe Tröterei wäre mir aufgefallen!«

»Tröterei?«

»Du weißt genau, dass ich Dudelsackspielerei nicht mag.«

Angus sog unwissentlich eine gehörige Portion Sauerstoff ein. »Das hatte ich verdrängt. Sind wir sicher, dass der Herr sich auf Apolonias Anwesen befindet?«

Alberto nickte, die Arme vor der Brust verschränkt, und murmelte »blablabla«.

»Bitte sehr?«

»Si! Absolut sicher.«

»Sehr wahrscheinlich handelt es sich um Butler Reginald.«

»Apolonia sagte, dass er heute frei hat.«

»Gehen wir davon aus, dass die Dame ihren Garten unbekannten Gentlemen zur Verfügung stellt?«

»Kann doch sein.«

»Die durchs Grün huschende Gestalt trug ebenfalls ein rotes Kleidungsstück …«

»So wie dieser Kilt?«

MacDonald senkte das Kinn. »Exakt, mein Freund.«

»Warum sollte Apolonia uns anschwindeln?«

Angus bemerkte, dass Alberto die deutlichere Vokabel anlügen vermied. »Überlege bitte, Alberto. Die junge Dame sagte, dass Reginald frei hat, nicht wo er sich aufhält. Vielleicht wusste sie gar nicht, dass er im Garten weilte.« MacDonald sah wieder durch das Fernglas. »Ob er Franzose ist?«

»Wie kommst du darauf?«

Angus reichte ihm das Fernglas. »Schau, welche Flagge er aufzieht.«

»Die Trikolore, klarer Fall!«

»Unzuverlässige Vermutung. Erstens dürfen auch Schotten die französische Fahne aufziehen und zweitens könnte er eine französische Verlobte haben oder Frankreich-Fan sein. Nimm bitte wieder Kontakt auf zu Apolonia. Falls sie möchte, dass wir ermitteln, bin ich dabei. Ansonsten hat mein Marmeladenbuch Vorrang.«

»Aber …«

»Ich fürchte, das ist in der Angelegenheit mein letztes Wort.«

Weshalb nur bereiten viele Köche ihre Bitterorange-Marmelade so kompliziert zu?, fragte MacDonald sich. Ein repräsentatives Rezept lautete folgendermaßen: Obst drei Minuten in heißem Wasser einweichen, dann schälen. Saft auspressen, Fruchtfleisch kleinschneiden. Schale gut zerkleinern, Kerne in einen Musselinbeutel geben. Alle vier – Saft, Fleisch, Schale und Kerne mit Wasser – etwa zwei Stunden kochen, bis die Schale weich wird. Ebenso umständlich ging es weiter. Der Gourmet bürstete seine Früchte unter fließend warmem Wasser ab, schnitt sie in dünne Scheiben und viertelte diese. Kerne wurden natürlich entfernt. Die Fruchtstücke gab er in seinen Einmachtopf und goss dem Gewicht entsprechend Flüssigkeit hinzu, für jedes Kilo Obst ein Liter Wasser. Seine jüngste Kreation bekam noch drei Esslöffel Drambuie spendiert. Deckel auflegen und über Nacht relaxen lassen. Nicht vergessen, alles feinsäuberlich in seinem *Waverley Notebook* zu notieren, wie auch den Hinweis für die Leser: »Wir verwenden natürlich biologisches Obst. Wer sich darüber mokiert, dem sagen wir, dass biologisch genannt wird, was früher normal war: Obst und Gemüse nicht mit Gift einzunebeln! Biologische Erzeugnisse sind gesünder, umweltfreundlicher und schmecken besser. Mit einem Trend haben sie nichts zu tun.«

RING. RIIIIING! RIHING!!

Schon wieder?! Er legte die Kochschürze ab.

RIIIIIHIHING!

»Freund Alberto, wie schön, dich endlich einmal zu treffen.«

»Apolonia steckt in Schwierigkeiten!«

»Bemerkenswert. Was gibt es sonst Neues?«

»Sie wurde niedergeschlagen!«

»Mit Verlaub, das weiß ich bereits.«

»Als sie am Morgen ihre Filiale auf der Princess Street aufschloss, verpassten sie ihr noch ein blaues Auge.«

»Waren es mehrere Personen?«

»Heute einer und der neulich. Macht zusammen zwei Ganoven.«

»Tritt bitte ein, mein Guter.« MacDonald blickte über Vitiellos Schulter. »Gefolgt scheint dir niemand zu sein.«

»Daran habe ich gar nicht gedacht!«

»Man kann nie vorsichtig genug sein.« MacDonald führte ihn ins Wohnzimmer, das auf die Straße mündete.

»Apolonia bleibt bei ihrer Meinung. Aber ihre Mutter hat mich auf Knien angefleht zu helfen.«

»Du sprachst mit beiden?«

»Naturalmente. Wofür gibt es Telefone?«

MacDonald lachte.

»Brauchst gar nicht zu kichern. Stimmt doch!«

»Was schwebt dir vor?«

»Minestrone, anschließend eine schöne Portion Pasta.«

»Ich bezog mich auf den Fall, nicht euren Lunch.«

»Zur Princess Street fahren und mit dem Mädchen reden.«

»Soll ich dich begleiten?«

»Hab' nichts dagegen. Aber was ist mit deinen Blutorange-Marmeladen?«

»Sagen wir, ich bilde mich in Miss Apolonias Geschäft weiter.«

Ihren dritten Edinburgher Shop hatte Miss Hope-Weir auf der Princess Street eröffnet. Angesichts der Mieten war das gewagt. Doch der Erfolg gab ihr Recht. Alle Filialen in Großbritannien waren im gleichen Stil gehalten, scharlachrot und grün die dominierenden Farben. Was man für kühl geplantes Corporate Design hätte halten können, entstand aus der Not. In ihrem ersten Geschäft waren die Wände feucht und nur mit dunkelroter Farbe konnten viele Flecken übertüncht werden. Wo das nicht gelang, nagelte Apolonia grüne Holzlatten an die Wand. Voilà, der Shop-Stil war geboren. MacDonald sagten allzu aufdringliche Farben nicht zu und er kam sich wie im Indoor-Erdbeerfeld vor. Allerdings entsprach es der positiven Verrücktheit der Marmeladen. »Chili Amboss« wurde etwa mit Hokkaido-Kürbis, Schokolade und scharfen, roten Schoten eingekocht. Warum hatte sich noch niemand als Konkurrent betätigt? Sollten die Störaktionen der Auftakt sein?

»Redest du mit mir?«, fragte Alberto, der im Doppeldeckerbus neben ihm saß.

»Gewiss.« Sein Freund hatte glücklicherweise nicht bemerkt, dass er mit sich selbst sprach. Fatale Angewohnheit, die Junggesellen mitunter entwickelten, und man sollte nicht glauben, wie schwer das Übel wieder abzuschütteln war!

»Buono. Aber der Auftakt wozu?«

»Wir müssen erwägen, dass Bösewichter Miss Apolonia und ihr Geschäft systematisch zerstören wollen.«

»Denkst du, dass es sich um misslungene Mordanschläge handelt?«

»Hoffentlich nur Einschüchterungsversuche. Gibt es in der Firma jemanden, der sie ersetzen könnte?«

»Ich weiß von keinem, der so kreativ ist. Halte dich bereit, Angus.«

»Darf ich fragen wofür?«

»Zum Aussteigen. Der Busfahrer biegt auf die Princess Street ein.«

MacDonald strich über das Revers seines Harris-Tweed-Jacketts. »Das werde ich meistern.« In Wahrheit war er für den Hinweis dankbar. Sie saßen nahe des Ausgangs, doch fuhren manche Fahrer derart hektisch, dass man sich nur bedächtig vorwärts zu bewegen vermochte. Alberto tippelte vor ihm her, sich an den beidseitigen Haltegriffen festhaltend.

Der Crazy-Jam-Shop befand sich unweit der Hanover Street. Als die beiden Detektive eintraten, bemerkten sie zwei junge Verkäuferinnen verstohlene Blicke auf ihre Chefin werfen. Sie saß auf einem alten, scharlachrot lackierten Holzstuhl, ihren Eisbeutel justierend. »Was, ihr wieder?!«

MacDonald schickte sich an, auf dem Absatz kehrtzumachen. Doch Alberto zog ihm am Ärmel.

»Erlaube mal, mein gutes Jackett!«

»Willst du schon gehen?«

»In der Tat habe ich das vor!«

Apolonia beobachtete die beiden belustigt. »Ihr solltet im Fernsehen auftreten. Wie heißen die Komiker noch mal? Einer ist so ’n Dünner und der andere …«

»Apolonia«, rief Alberto lautstark, »wie geht es dir?«

Sie zog den Eisbeutel vom Auge und grinste schief. »Nächstes Mal sollen sie mir gleich auf beiden Seiten eins verpassen.«

»Schön, dass du es humorvoll nimmst.«

»Außerdem melde ich mich zum Selbstverteidigungskurs an. Judo, Karate, Boxen oder alles drei!«

»Ist das Ihr Ernst?«

»Dein Ernst! Wir duzen uns. Schon wieder vergessen, Mister Angus?«

»Es war nicht böse gemeint.«

»Siehst du! Meine Begrüßung hab’ ich auch spaßig gemeint.«

Schlagfertige junge Dame! »Konntest du erkennen, wer es war?«

»No! Wie denn? Der Mistkerl trug wieder Skimaske.«

MacDonald war entgeistert. »Davon wissen wir noch gar nichts.«

»Seid ja gerade erst ins Geschäft spaziert.«

»Angus meint, dass du uns vom ersten maskierten Bandito nichts erzählt hast.«

»Ihr habt auch nicht gefragt.«

»Das taten wir sehr wohl.«

»Ob ich den Rabasten kenn, wollste wissen, Angus.«

»Raba… bitte, was?«

»Apolonia meint Rabauke«, informierte Alberto seinen Freund.

»Ja, das war dieses ulkige Wort, Rabauke. Nö, noch nie gesehen.«

»Mit einer Skimaske auf dem Haupt ist es kaum möglich«, echauffierte MacDonald sich.

»Eben.«

»Wer war während des Vorfalls anwesend?«

»Niemand.«

»Die Uhrzeit?«

»Als ich's Geschäft aufschloss.«

»Um neun Uhr?«

»No, bin immer ein bisschen früher da. So zwanzig vor wird's gewesen sein.«

»Ja …«, sagte Alberto aufmunternd.

»Der Kerl tippt mir beim Türöffnen auf die Schulter, ich dreh mich um und krieg mein zweites Blauauge.« Sie zeigte auf die unschöne Verfärbung.

Vitiello legte ihr tröstend den Arm auf die Schulter. »Hat jemand den Vorfall mitbekommen?«

»Weiß nicht.«

»Eventuell Passanten, die zufällig vorüberschritten?«

Apolonia wandte sich an Alberto. »Was sagt er?«

»Shopper.«

»Nö, hat keiner was gesehen.«

»Du hast demnach mit jemandem gesprochen?«

»Sisi, ein Mann und eine Frau zogen mich hoch. Bin hingefallen wegen des fiesen Schlags.«

»Keiner der beiden sah etwas?«, setzte Angus nach.

»Warum muss ich alles doppelt erzählen?« Apolonia fasste an die Wunde. »Autsch!«

»Tut es sehr weh?«

»Geht so.«

»Du Ärmste.«

MacDonald bemerkte, dass eine der Verkäuferinnen auffallend oft in ihrer Nähe zu tun hatte. Er nickte ihr freundlich zu, was sie mit finsterem Blick quittierte.

»Das ist Anne«, informierte Apolonia.

»Wie heißt die junge Frau mit Nachnamen?«

»Redpath. Spielt's 'ne Rolle?«

»Pardon, lästige Angewohnheit von Detektiven. Wir sollten mit den Damen sprechen.«

»Muss das sein?«

»Vielleicht ist ihnen in der letzten Zeit etwas aufgefallen. Wir wollen dir nur helfen, Apolonia.«

»D'accordo. Okay.«

MacDonald hüstelte. »Die andere Dame?«

»Sophie Tawse. Wen zuerst?«

»Miss Tawse, bitte.« Anne Redpath machte den Eindruck, das Gespräch mithören zu wollen. Hatte MacDonald Unrecht, wäre er bereit, nicht den berühmten Besen, aber vermeintliche Gerichte einer nordamerikanischen Fast-Food-Kette zu verspeisen. »Darf ich beginnen, Alberto?«

»Certo, mein Freund.« Vitiello versuchte, sich die Enttäuschung nicht anmerken zu lassen. Aufs Reden verzichten? Große Strafe!

Miss Tawse war nicht größer als einsfünfzig und hatte ein sehr freundliches Gesicht. Wie alle Angestellten trug sie Crazy Jams rot-grüne Schürze.

»Darf ich Sie Sophie nennen?«

Sie nickte. »Warum nicht?«

»Fein. Ich bin Angus. Sie ahnen, warum wir Ihnen Fragen stellen wollen?«

»Weil Apolonia, ich meine Miss Hope-Weir, angegriffen wurde.«

MacDonald lächelte. »Wenn Sie sich duzen, dürfen Sie das natürlich auch in unserem Beisein tun.«

Sie senkte scheu den Kopf. »Vielen Dank.«

»Miss Apolonia wurde zweimal niedergeschlagen und …«

»Zweimal?« Miss Tawse blickte ängstlich zu ihrer Chefin.

»Sie scheinen darüber erstaunt zu sein?«, sagte der Gourmet.

»Es ist nur, weil ich erst jetzt davon erfahre.«

Apolonia winkte ab. »Alles nicht so wichtig.«

»Sie erschienen erst nach dem Vorfall?«

»Hab' nichts damit zu tun! Glauben Sie mir, bitte.«

»Niemand gibt Ihnen die Schuld. Fiel Ihnen kürzlich etwas Verdächtiges auf? Menschen, die am Geschäft vorbeischlichen, es beobachteten, oder solche, die hereinkamen und mysteriöse Fragen stellten?«

»Wir haben hin und wieder Kunden«, fuhr Miss Tawse fort, »die komische Sachen fragen.«

»Einsame Männer oder Frauen, die Gesellschaft suchen und am liebsten hier übernachten würden«, erklärte Miss Hope-Weir. »Gibt's in jedem Geschäft.«

Alberto freute sich. »Sisi, wie bei uns in der Villa Buongiorno.«

»Danke für Ihre Hilfe, Miss Sophie«, sagte MacDonald altväterlich. Miss Redpath hielt sich entgegen seiner Vermutung noch am anderen Ende des Ladens auf. Sie war gut einen Kopf größer als die Kollegin, sehr schlank, und trug das pechschwarze Haar schulterlang. Ihrem reservierten Gesichtsausdruck entnahm er, dass der Vorname besser auszusparen war. »Ihre Chefin wurde heute Morgen tätlich angegriffen. Mister Vitiello und ich suchen den Schuldigen.«

»Sind sie von der Polizei?«

»Private Detektive.«

»Mit ordentlicher Lizenz?«

»Wir helfen Menschen in Not, neben unseren Brotberufen.«

»Die da wären?«

»Ich schimpfe mich Autor und Journalist. Mister Vitiello betreibt mit Gattin ein renommiertes Guest House in Fountainbridge.«

»Amateure also?«

Apolonia fuchtelte mit dem Eisbeutel. »Egal! Nicht unhöflich sein, Anne.«

»Mir ist ein Typ aufgefallen. Zweimal war er hier. Hat alle möglichen Fragen gestellt zu unseren Broschüren und Faltblättern.«

Apolonia ging zum nächsten Regal und kam mit einigen Heftchen zurück, die sie Angus reichte.

»Rettet den Regenwald! Gegen Gen-Technik! Chemische Pflanzenschutzmittel – nein danke!«, las MacDonald vor. »Politische Botschaften.«

»Stimmt«, antwortete Miss Hope-Weir.

»In einem Marmeladengeschäft?«

»Unternehmer tragen ethische Verantwortung und die Welt ändert sich nur, wenn jeder etwas beiträgt!«

MacDonald knetete die Hände. »Darf ich fragen, seit wann diese Broschüren in den Shops ausliegen?«

»Drei, vier Monate. Könnt auch ein halbes Jahr sein.«

»Stammen sie alle aus Crazy Jams Feder?«

»Si.«

»Gibt es Themen, die nicht abgehandelt werden?«

»Naturalmente! Alles, was mit Nazis, Frauenhassern und so Typen zu tun hat.«

»Ist euer Schriftgut gratis?«

»Hä?«

»Angus fragt, ob die Heftchen etwas kosten«, erläuterte Alberto.

»Wir sind hier, um Menschen zu helfen!«, rief Miss Redpath. »Nicht, um Kohle zu scheffeln.«

»Anne, hast es noch nicht kapiert?«, tadelte Apolonia. »In erster Linie arbeiten wir natürlich, um Geld zu verdienen. Stell dir vor, wir verkaufen nur noch halb so viel Marmelade. Dann müsste eine von euch beiden Hübschen gehen. Weniger Angestellte bedeutet weniger gute Taten.«

MacDonald ahnte, dass auch seine nächste Frage Unbehagen evozieren würde und war froh, dass ihm als Journalist hartnäckiges Fragen vor langer Zeit schon in Fleisch und Blut übergegangen war, heftige Reaktionen ihn nicht mehr kümmerten. »Mit Taten meinst du das Aushändigen von Faltblättern, ja?«

Apolonia präsentierte wieder ihr spezifisches Lachen: »Ahaha!«

MacDonald rückte seine Krawatte zurecht. »Du und deine Damen seid noch anderweitig politisch aktiv?«

»Wir engagieren uns stark in Projekten«, erklärte Miss Redpath umgänglicher.

»Könnte man dafür Beispiele bekommen, bitte?«

Apolonia nahm sich den Eisbeutel vom Auge und warf ihn achtlos unter ihren Stuhl. »Verschiedene Wege. Wir betreuen Häftlinge, Menschen in der Psychiatrie, AIDS-Kranke. In den Läden dürfen Menschen immer wieder aus ihrem Leben erzählen.«

Miss Tawse meldete sich zu Wort. »Teapartys nicht vergessen, Apolonia.«

»Zusammenarbeit mit Bauern«, sagte Anne Redpath bebend.

Apolonia verzog das Gesicht. »Ist schon gut. Wir wollen nicht angeben.«

»Schön auch, dass ihr unabhängige Landwirte unterstützt«, sagte Alberto, um die Stimmung zu bessern.

MacDonald nickte. »Fürwahr. Es wäre zu wünschen, dass mehr Unternehmer so handeln. Die Kehrseite ist leider, dass angesichts all dieser Aktivitäten die Zahl unserer Verdächtigen steigt.«

»Kann mir nicht vorstellen, dass Apo noch mal niedergeboxt wird«, sagte Miss Redpath mit felsenfester Überzeugung, was MacDonald sehr ungehalten machte.

»Doch ich hatte einen tristen Traum,
Jenseits der Insel Skye sah ich
einen verstorbenen Mann einen Kampf gewinnen,
und ich denke, der Mann war ich.«

»Die Schlacht von Otterbourne« (anonym)

Hilft der Butler?

»Wie kann sie davon ausgehen, dass die Gräuel einfach aufhören?«, fragte MacDonald während der Busfahrt zu Albertos Haus.

»Junge Leute reden oft mal etwas daher, Angus.«

»Zwischen Miss Redpath und Apolonia scheint eine gewisse Spannung zu bestehen.«

»Willst du immer noch mit diesem Richard sprechen?«

»Apolonias Butler heißt Reginald, und jemanden, der in ihrem Haus wohnt, können wir schwerlich ausklammern.«

»Aber wir haben es nicht abgesprochen.«

»Seit wann müssen Detektive eine Erlaubnis einholen?«

»Verstehe, wir nutzen den Überraschungsmoment.«

»So kann man es auch sagen.« MacDonald zog einen Stapel Broschüren aus dem Jackett.

»Zum Luft zufächeln?«

»Nein, ich möchte sehen, welche Themen vertreten sind.«

Den Rest der Fahrt schwieg Alberto und rannte zu Hause gleich in den Garten. Auf einem Grundstück in der Nachbarschaft rief jemand »en garde!«.

Der Italiener zeigte zu Apolonias Anwesen. »Da ist er wieder. Raymond.«

Angus stöhnte. »Reginald, der Butler, jawohl.«

»Was macht er denn?«

»Ist das nicht augenscheinlich? Fechten.«

»Butler im Jogging-Anzug? Hat bestimmt schon wieder frei!«

»Besser, wir warten, bis er seine Übungen beendet. An seiner Stelle würde ich die Tür vorher nicht öffnen.«

Etwa zehn Minuten später klingelten sie bei Apolonia. Reginald trug makellose Berufskluft. Er muss uns erwartet haben, dachte MacDonald. »Guten Tag, Sir, dürfen wir eintreten?«

»Miss Hope-Weir ist leider nicht zugegen, Gentlemen.«

»Nicht schlimm, denn wir würden sehr gerne mit Ihnen plaudern.«

»Darf ich fragen, wer sie sind?«

»Freunde von Apolonia. Ich heiße MacDonald und der Herr neben mir ist Mister Vitiello.«

»Könnten wir das Gespräch außerhalb meiner Dienstzeit führen?«

»Sogleich wäre uns lieber.«

»In diesem Falle müsste ich kurz telefonieren.«

»Porca …«

MacDonald ergriff das Wort. »Selbstverständlich, mein Herr, und schließen Sie ruhig solange die Haustür.«

»… miseria!«, beendete Vitiello seinen Fluch vor verschlossener Tür. »Der Typ hat sie ja nicht alle!«

»Im Gegenteil. Er handelt korrekt. Nur ein schlecht ausgebildeter Butler gewährte uns Einlass.«

Durch die geschlossene Tür hörten sie Butler Reginald telefonieren. Das Gespräch dauerte nicht lange. Doch zehn Minuten später harrten sie noch immer aus und Geduld war Albertos erste Tugend nicht: »Ich sag's noch mal, komplett gaga! Was fällt ihm ein …«

Reginald öffnete die Haustür. »Es tut mit sehr leid, dass Sie warten mussten.«

»Schon vor Ewigkeiten haben Sie …«

MacDonald stellte sich vor seinen Freund. »Mister Vitiello und ich bedanken uns vielmals.«

Reginald verneigte sich. »Treten Sie bitte ein. Miss Apolonia gewährt mir zehn Minuten.« Er blieb in der Eingangshalle stehen. »Wie kann ich helfen?«

MacDonald ließ einen Blick für sich sprechen: Konversation im Flur?

»Wir könnten auch ins Wartezimmer gehen, wenn Sie das vorziehen«, schlug Reginald vor.

Gutes Butler-Training, stellte Angus abermals für sich fest. »Danke vielmals, nicht nötig. Wie dürfen wir Sie adressieren?«

»Mein Name ist Reginald.« Er verschränkte die Hände hinter dem Rücken.

»Sie nehmen es mir bitte nicht übel. Doch höre ich feinen Akzent heraus. Verraten Sie uns Ihre erste Sprache?«

»Gälisch. Ich stamme von Skye, verließ die Heimat vor langer Zeit. Erinnerungen verblassen mehr und mehr.«

Alberto freute sich. »Skye! Dort haben meine Tochter und ihre Familie schon Urlaub gemacht.«

MacDonald räusperte sich. »Mister Reginald …«

»Reginald genügt völlig, Sir.«

Ob er im Zuge der Ermittlungen irgendjemanden ansprechen durfte, wie er wollte?! »Arbeiten Sie schon lange für Miss Apolonia?«

»Etwa ein Jahr.«

»Gab es Vorgänger?«

»Wohl nicht. Aber fragen Sie besser meine Dienstherrin.«

»Was sind Ihre Aufgaben …?«

»Butler dieser Tage müssen vielseitig sein. Tafelsilber polieren, Essen zubereiten und servieren, Reinigen und Bügeln der Kleidung, Schuhe polieren, einen Wagen oder Jet chartern, Arbeiten am Haus überwachen, finanzielle Verhältnisse ordnen. Details sind sehr wichtig. Wurde eine Bluse perfekt gebügelt? Besitzt die Hose ausreichend Bügelfalten?«

»Üben Sie all diese Tätigkeiten aus?«

»Mehr oder weniger.«

»Wie sieht es mit Personenschutz aus?«

»Falls er gewünscht wird.«

»Erklären Sie uns das«, protestierte Alberto.

»Nach dem ersten Attentat wies ich Miss Hope-Weir auf meine Qualifikationen als Bodyguard hin …«

»Sisi, und dann?«

»Die junge Dame hielt dezidierte Bewachung für überflüssig.«

»Mit dem Mädchen muss ich dringend reden! So kann es wirklich nicht weitergehen!«

»Tun Sie das, Mister Vitiello. Sehr dankbar wäre ich Ihnen.«

MacDonald fiel auf, dass der Butler mit seinem liebevoll besorgten Blick zum ersten Mal aus der Rolle fiel. Sollten sie ein Techtelmechtel haben?

»Wissen Sie, dass Miss Hope-Weir heute morgen zum zweiten Mal angegriffen wurde?«

»Sehen Sie, das meine ich!«

»Apolonia sagte Ihnen am Telefon nichts?«

»Gentlemen, eines missverstehen viele Menschen. Butler dürfen sich nicht als Freunde ihrer Arbeitgeber betrachten. Aus dem simplen Grund, weil sie es nicht sind.«

»Was verdient man so?«

»Alberto!«, rügte Angus.

»Kein Problem. Ein Butler, fünf Jahre im Beruf, kann bis zu 50.000 Pfund erwirtschaften. Ist er noch erfahrener, bewegen wir uns in Dimensionen über 70.000 Pfund.«

Alberto pfiff durch die Zähne.

»Ich entschuldige mich für Mister Vitiellos volkstümliches Verhalten.«

»Naturalmente, bin ein Bauerntölpel!«

»Gentlemen, es bedarf der Rede nicht.«

»Wo befanden Sie sich, als Miss Hope-Weir zum ersten Mal niedergeschlagen wurde?«

»Darf ich Ihnen eine Tasse Tee anbieten?«

»No, grazie!«, erwiderte Alberto.

»Im Garten.«

»Prego?«

»Sie wollten wissen, wo ich mich aufhielt.«

»Bekamen Sie von dem Vorfall etwas mit?«, fragte MacDonald konziliant.

»Leider nein, und das werde ich mir bis ans Lebensende nicht verzeihen.«

»Wäre es akustisch möglich, im Grünen Vorfälle zu vernehmen?«

»Nur wenn alle Zwischentüren geöffnet sind«, erklärte Reginald.

»Naturalmente. Waren sie denn offen?«

»Es entzieht sich leider meiner Kenntnis. Als ich ins Haus zurückkehrte, saß die junge Dame bereits weinend im Wohnzimmer.«

»Angesichts der Umstände fragten Sie sicherlich, wer Apolonia so schrecklich zurichtete, nicht wahr?«

»Zuallererst holte ich aus der Küche einen Eisbeutel.«

»Was trieben Sie im Garten?«

»Ich möchte meine Fitness bewahren. Man weiß nie, was im Leben auf einen zukommt.«

»Fitness mit Fechtübungen?«

»Auch, ja.«

»Das heißt, Sie verrenken sich noch auf andere Weise?«, legte Alberto nach.

»Wenn man das so ausdrücken möchte, Mister Vitiello.«

»Waren Sie bei der Armee?«, erkundigte MacDonald sich.

»Royal Marines.«

Wenn Alberto zu lange auf seinen Capuccino warten musste, wurde er unleidlich. Vor zwei Cafés hatten sich lange Schlangen gebildet. Würde es in Edinburgh nun stets wie an *Hogmanay* oder während der Festivalzeit zugehen? Die beiden Detektive hatten in einem Coffee Shop auf der Morningside Road Platz gefunden, wo sich der Italiener genüsslich Milchschaum von der Oberlippe wischte. »Woher hast du gewusst, dass er Soldat war?«

»Die Fechtübungen und eine auffallend aufrechte Haltung deuteten darauf hin.«

»Stimmt«, erwiderte Alberto, als ob er es auch bemerkt hätte. »Aber Soldaten schwingen doch heutzutage keinen Degen mehr?«

»Ahahaha, guter Scherz.«

»Hab's ernst gemeint, Angus.«

MacDonald rieb sich die Hände über die Schläfen.

»Was ist denn los mit dir?«

»Entschuldige, Alberto. Aber wir sind nicht eben weit gekommen.«

»Keine Bange, das kann sich schnell ändern.«

»Dein Wort in Gottes Ohr.«

»Was machen wir als Nächstes?«

»Marmelade kochen.«

»Vorschlag, Angus …«

»Ja, bitte?« MacDonald war hoffnungsfroh.

»Du kochst deine Blu… Bitterorangen ein und ich observiere den Crazy-Jam-Shop auf der Princess Street.«

»Mit welchem Behuf?«

»Herausfinden, wer das Geschäft beehrt.«

Angus strahlte übers ganze Gesicht. »Glänzende Idee!«

Zuhause in Dean Village studierte er die Crazy-Jam-Broschüren. Ein Thema glänzte mit Abwesenheit, obwohl er und alle Landsleute patriotische Menschen waren: die schottische Unabhängigkeit. Im Fernsehen und Funk sprach First Minister Nicola Sturgeon doch nahezu täglich darüber …

Alberto hob die Hände mit gespreizten Fingern in die Luft. »No, es gibt keine andere Frau.«

Maria Vitiello, von Natur aus ruhig, regte sich über ihren Mann auf! Nach Jahrzehnten des Ehelebens kannte man sein Gegenüber!

»Hab's doch erklärt. Jemandem in Not helfe ich.«

»Zufällig eine blendend aussehende Italienerin!«

»Ist sie so attraktiv?«

»Nimmst du mich jetzt auch noch auf den Arm?«

»No, aber Damen haben oft komische Kriterien für Attraktivität. Maria, ich verlasse jetzt das Haus, denn was ich auch sage, führt zum Streit.« Alberto kannte die Verletzlichkeit der italienischen Frau, wenn vermeintliche Konkurrentinnen ins Spiel kamen. Sie hatte nichts zu befürchten, blieb aber seit seinem letzten Fall extrem misstrauisch. Was konnte man tun? Maria, ich habe dich in der Vergangenheit nicht betrogen, mache es jetzt auch nicht und bleibe dir ewig treu. Das hatte er in Standesamt und Kirche versprochen! Basta cosi! Dumm nur, dass Maria Kriminalromane verschlang. Früher schlief er mit einem geöffneten Auge, falls sie auf dumme Gedanken kam. Ihrem neuen Lesetempo entsprechend, sollten es besser beide Augen sein! Er nahm den Bus zur Princess Street, stieg an der ersten Haltestelle aus und ging zu Fuß weiter. Von der anderen Straßenseite war gut zu sehen, was sich bei Crazy Jam abspielte. Immer wieder betraten und verließen Kunden das Geschäft. Nicht alle wirkten seriös. Am Abend ging dann Anne Redpath als Erste. Beschwingt singend entkettete sie ihr Mountainbike und radelte davon. Es folgte Apolonia und dreißig Minuten nach Ladenschluss ihre zweite Angestellte, Sophie Tawse. Die nette, kleine Frau trug schwarze Lederkleidung, Rucksack und Motorradhelm! Zehn Minuten spazierte sie vor dem Geschäft auf und ab, ungeduldig werdend, völlig anders als bei ihrem Gespräch! Nach abermals zehn Minuten war sie nahe dran, ihren Helm auf den Gehweg zu schleudern, schwang ihn schon hin und her. Alberto hörte die Motorradfahrer lange, bevor er sie sah. Auf Harley-Davidsons donnerten Zweiergruppen aus Leith heran, steckten in schwarzem Leder und dunklen, halben Helmen, fuhren vorbei und machten an der nächsten Kreuzung einen U-Turn. Die Schultern zierten zwei weiße Dämonen, White Demons, auf blauem Grund. Weiß und blau, die Farben der schottischen Flagge. Konnte es sein, dass die brave Miss Tawse mit diesen Gestalten bekannt war? Lange musste er auf die Antwort nicht warten. Mitten auf der Princess Street hielten sie an und blockierten den Verkehr. Sophie streckte den Daumen in die Luft und allen Zusehenden wurde klar, dass sie die Männer kannte.

Zu Hause rannte Alberto zum Laptop. Maria war erstaunt, dass er schon wieder da war. Ihrer Einschätzung nach hatte er ja ein weiteres Rendezvous! Er tippte bei Mister Yahoo »White Demons« ein. Die Gruppierung wurde in den Fünfzigerjahren von D-Day-Veteranen gegründet und militärisch organisiert. Die Teufel waren selbständig. Nicht aus Faulheit oder übertriebener Lust am Unkonventionellen, sondern weil sich feste Jobs nicht mit regem Vereinsleben unter einen Hut bringen ließen: Bei den regelmäßigen Treffen, Festen, Motorradrennen, Paraden etc. zu fehlen, war absolut tabu. Ständig im Krieg mit anderen Banden, erwarben sich die weißen Dämonen im Laufe der Jahre eine Reputation für Gewalttätigkeit. Wie zahlreiche Zeitungsartikel belegten, hatten die Fehden oft mit Drogenhandel zu tun. Prostitution, Diebstahl und Erpressung gehörten auch zum Repertoire. Feine Gesellschaft hatte Miss Tawse sich ausgesucht! Die brutalste Rockergruppe Großbritanniens, mitten im schönen Edinburgh! Warum konnte es nicht ein harmloser Verein sein, nette Menschen, die in ihrer Freizeit gerne Motorrad fuhren? Le acque silenziose sone profonde. Stille Wasser sind tief, sagte man!

»Miss Apolonia erzählte mir nichts von einem Buchprojekt. Das versichere ich Ihnen.« MacDonald war unschlüssig, warum er einen vereidigten Gerichtszeugen mimen musste! Mrs Howatson, die nach eigener Aussage jüngst einen Verlag gegründet hatte, klingelte an seiner Tür und rückte ins Labor vor! Seit zweiundzwanzig Minuten variierte sie dieselbe Frage, eine beliebte Verhörtechnik. Ob sie nebenberuflich für den CIA oder Homeland arbeitete? Warum in die Ferne schweifen, Angus? »Auch im schönen Schottland beherrschen Kriminalbeamte ihr Handwerk.«

Mrs Howatson neigte neugierig den Kopf. Sie war Ende Vierzig, mit konservativem Hosenanzug und kunstvoll drapiertem Dutt, der von großer, blauweiß-lackierter Stricknadel dominiert wurde. Worauf bezog sich der stattliche Autor mit seinen Kriminalbeamten? Weil Mrs Howatson nichts zu erwidern wusste, betastete sie ihren Ehering.

Sein Lautsprechen war Angus überaus peinlich. »Dumme Angewohnheit, die alleinstehende Menschen mitunter entwickeln. Sind diese, äh, Farben Ihres Haarschmucks symbolisch zu interpretieren?«

»Wie meinen Sie das, mein Herr?«

»Blau und weiß, die schottische Flagge …«

»Möglich, ja, aber nicht absichtlich. Apo hat nichts verraten, sagen Sie?«

»Nein. Tut mir leid, Sie enttäuschen zu müssen.« Mit etwas Distanz wäre alles lustig. Doch stand zu befürchten, dass Mrs Howatson ihm für immer und ewig beim Marmeladenkochen Gesellschaft leistete. Als sie versuchte, einen Blick auf den Dutt zu erhaschen, musste er beinahe lachen.

»Duftet es hier nach Schinken, Mister MacDonald?«

Sollte er die Aussage verweigern? Es wäre der Albernheit Gipfel gewesen. »Bereiten Sie eine Fleischpastetenfüllung zu?«, fragte sie herausfordernd.

»So ähnlich.«

»Was blubbert im Topf so schön? Schinken ist es kaum. Sauerkirschen! Für Marmelade, stimmt's?«

»Jawohl.«

»Nach eigenem Rezept?«

»Natürlich, nur so!«

»Apo entwickelt ebenfalls eine Marmelade, die …«

»Ich versichere Ihnen, noch niemals Rezepte gestohlen zu haben, Mrs Howatson! Darf ich fragen, woher Sie meine Adresse kennen?«

»Telefonbuch.«

»In dem stehe ich nicht.«

Sie patschte eine Hand auf die andere. »Rona, Dummerchen, du! Internet.«

»Ebenfalls unmöglich.«

»Apo dann.«

Immer diese Verstümmelung von Namen! Wieviel Zeit nahm es in Anspruch, die letzten beiden Silben noch auszusprechen? Lo-nia. Ein Wickelkind schaffte das!

»Apo hat Ihre Adresse von diesem italienischen Gentleman bekommen, Mister …«

»Ja?« Er würde ihr nicht den Gefallen tun, auf den uralten Trick reinzufallen und den Namen auszusprechen.

»Vitiello. Alberto mit Vornamen. Jawohl.«

»Miss Apolonia arbeitet also an einem Marmeladenbuch?«

»Schön wäre es! Die Kleine ist nicht sehr konzentriert momentan.«

»Nach zwei schweren Anschlägen verständlich, oder?«

»Ach, sie politisiert mir zu viel!«

»Die Broschüren …?«

»Meines Erachtens vergeudet sie ihre Zeit. Politik sollte man Profis überlassen.«

»Williams Rede!«

»Ihr Herr Bruder?«

»Sie kennen ihn?«

»Nur aus Zeitungsartikeln. Entschiedener Vertreter schottischer Unabhängigkeit.«

»Wie alle Abgeordneten der Scottish National Party, ja. Immerhin leben wir in einer englischen Kolonie.«

»Spielen Sie auch mit dem Gedanken zu politisieren?«

»Gott bewahre, nein!«

»Sie wissen, wo Ihre Stärken liegen, Mister MacDonald. Das lobe ich mir.« Mrs Howatson schaute ihn treuherzig an. »Könnten Sie mir bitte einen Gefallen tun?«

»Worum handelt es sich?«

»Mit Apo reden, wegen ihres Abgabetermins für das Buch …«

MacDonald zuckte zusammen.

»Verzeihen Sie außerordentlich. Ich hätte das nicht fragen sollen.«

»Nein, ist schon gut. Doch warum sollte sie ausgerechnet auf mich alten Knochen hören?«

»Stichwort Hoffnungsschimmer. Alle, die ihr nahestehen, blieben erfolglos.«

»Lieber würde ich mich auf die Ermittlung der Täter konzentrieren.«

»Große, große Gegner.«

»Warum sagen Sie das?«

»All diese Faltblätter und Broschüren, die Missstände beweinen … der erste Täter sagte es auch: Schreib endlich mal etwas Kluges, Mädchen!«

»Davon hat uns Miss Apolonia gar nichts erzählt.«

»Sie erwähnten doch selbst, dass Sie Apo nicht gut kennen. Völlig andere Frage, Mister MacDonald. Sind Sie mit Ihrem Verleger zufrieden?«

»Durchaus, ja. Weshalb?«

Mrs Howatson patschte auf den Dutt und die Stricknadel vibrierte. »Ich bin vom Fach. Sie erinnern sich? Werden Sie mit Apolonia kommunizieren?«

»Gewiss, Mrs Howatson.«

»Mehr darf ich nicht erwarten, oder?« Sie zwinkerte ihm zu und legte eine Visitenkarte auf den Tisch. »Kreative Autoren sind uns stets willkommen.«

Gütiger Gärbottich![2] Was sollte das bedeuten? Am besten gar nicht darauf eingehen. »So machen wir es, Mrs Howatson.« War sie nun mütterliche Verlegerin oder der harte, abgebrühte Typ, immer nur ans Geschäft denkend? MacDonald bezweifelte, dass Alberto seinen Wohnsitz ausposaunt hatte. Auf Mrs Howatsons Visitenkarte standen nur Name und Website. Der Verlag war ihm kein Begriff …

2 MacDonald spielt auf einen wichtigen Schritt in der Whisky-Produktion an: Wenn das Gerstenmalz mit Hefe und heißem Wasser gemischt wird, fängt es gewaltig zu gären an.

»Wenn ich früher vormittags einen Freund besuchte, wurde ich gefragt, ob ich schon einen Whisky hatte. Heutzutage werde ich gefragt, ob ich Tee möchte.«

William Macintosh of Borlum (1662 – 1743):
»Essay on Ways and Means of Enclosing«

Dämonen sind weiß! Und blau!

»Der Lautsprecher ist angeschaltet. Deshalb scheppert es ein bisschen. Muss meine Suppe überwachen.« Alberto neigte den Kopf zur Seite und kniff die Augen leicht zu. »Es waren Rocker. Solch schräge Typen werde ich wohl erkennen! Sehen nicht wie Samstag-Shopper auf der Princess Street aus. White Demons. Du weißt, wer das ist? Okay. Soll ich nicht besser vorbeikommen und es dir erklären? Von Angesicht zu Angesicht geht das besser. Außerdem benutzt du das Telefonino ungerne. Wir sprechen auf dem Festnetz? Si, stimmt.«

MacDonald trommelte mit drei Fingern einen kleinen Marsch auf dem Telefonhörer. Beste Methode, um sich Gehör zu verschaffen, wenn Mister Vitiello aufgeregt war.

»Was war das?«

Angus hatte sich eine Liste mit Antworten parat gelegt: »Schwer zu sagen.«

»Hast du es nicht gehört?«

»Störung in der Leitung. Vermutlich.« Er hakte zwei Punkte ab. Ob er am Ende der Liste von vorne beginnen konnte, ohne dass Alberto es merkte?

»Klarer Fall, Angus. Diese Miss Tawse hat ihre Freunde auf die arme Apolonia angesetzt. Schutzgelderpressung ist die Spezialität von Rockern.«

»Haben wir Beweise?«

»Ich meine schon«, erwiderte Alberto fast eingeschnappt.

MacDonald wusste, dass er die nächsten Worte vorsichtig abwägen musste. Alberto hatte extreme Vorbehalte gegenüber Rockern. Ungerechterweise hätte man von Furcht gesprochen. »Nicht alle Motorradvereine sind für illegale Zwecke gegründet worden. Meist sind die Motive Geselligkeit und Freude am gemeinsamen Fahren.«

»Ahaha!«

»Bitte?«

»Niente. Hab' nur ein bisschen gelacht. Darf ich dir einen Alptraum erzählen?«

»Nicht, wenn es um englische Rocker geht, die eure Waschbecken zertrümmern.«

»Perche no?«

»Weil du mir diese Story schon dreimal präsentiertest.«

»Da du die Dämonen so magst, kannst du ja mit ihnen sprechen!«

»Vielleicht ist es gar nicht nötig.«

»Wer sonst sollte die arme Apo angegriffen haben?«

»Interessant, dass du darauf zu sprechen kommst. Ich hatte Besuch von einer Mrs Howatson.«

»Ho… was?«

»Howatson. Apolonias Verlegerin. Sie wünscht, dass ich Miss Hope-Weir ins Gewissen rede.«

»Unser armes Mädchen hat nichts getan!«

»Mrs Howatson …«

»Blöder Name.«

»… macht sich Sorgen, dass Apolonia ihr Buchmanuskript nicht rechtzeitig abliefert.«

»Kommt der Verleger zu dir auch ins Haus, wenn du zu spät dran bist?«

»Nein, aus dem einfachen Grund, weil ich meine Manuskripte spätestens zum vereinbarten Termin abgebe.«

»Angus, der Musterschüler.«

»Spotte nur. Doch früher Vogel fängt den Wurm.«

»Hausbesuche sind also in solchen Fällen üblich?«

»Davon rede ich doch. Es ist bizarr.«

»Steckt die Dame eventuell in den roten Zahlen und erhofft sich vom Buch eine Sanierung?«

»Das weiß ich nicht.«

»Was sollst du Apo sagen?«

»Die politische Arbeit soll ich ihr abspenstig machen.«

»Porca miseria!«

»Ich dachte mir das Äquivalent auf Englisch, mein Freund.«

»Wen nimmst du dir zuerst vor? Apo oder die weißen Dämonen?«

»Ahaha!«

MacDonald stand vor seiner Hausbar, um einen zwölfjährigen Benriach zu verköstigen. Umgehend stieg seine Laune. Sein fuchsroter Kater spazierte in den Raum und nahm Platz, sich Leckerbissen erhoffend. »Scotch Whisky magst du nicht, wie wir schon vor langer Zeit etablierten, treuer Freund und Kumpan.« Sir Robert legte das Köpfchen schräg und verließ ihn wieder. »So ist's recht! Handle autonom und selbstgerecht, wie immer.« Ring! RIIIING!! Wenn das wieder Alberto war, konnte er was erleben. MacDonald öffnete die Haustür. Doch es läutete weiter. Tinnitus im Anmarsch? Dein Telefon, du Dödel! »Angus Thinnson MacDonald, der Erste«, sagte er gravitätisch. Ob der Antwort am anderen Ende fiel ihm das mobile Telefon auf den Teppichboden, dessen dicke Polsterung einen Totalschaden verhinderte. »Verflixt noch mal!« Es gelang ihm, den Apparat vom Boden aufzuheben und nicht hinzufallen. »Karen? Wunderschönen Tag, meine Liebe«, säuselte er. »Betrunken? Am helllichten Tag? Niemals! Bin empört, das gefragt zu werden. In Ordnung, ich akzeptiere deine Entschuldigung. Stimmt, hin und wieder trinke ich auch tagsüber, zu rein wissenschaftlichen Zwecken. Was kann ich für Sie, äh, dich tun? Natürlich erinnere ich mich, dass wir uns duzen. Welcher Ausflug? Hallo? Hallo-ho? Aufgelegt?« Du liebes bisschen! Natürlich, das Picknick, welches er ihr versprochen hatte. Während seines letzten Falls meinte Karen, ihn in flagranti ertappt zu haben. Immer diese Turbulenzen mit den Damen! Um sie zu besänftigen, musste er sich etwas Besonderes einfallen lassen. RIIIING! So, jetzt konnte Alberto etwas erleben!

»Buenos días, amigo!«

Dieser Herr hatte gerade noch gefehlt, braun gebrannt und mit Pappbecher in der Hand, Whisky wohl!

»Hallo, Dad. Schön, dich zu sehen«, sagte Angus.

Sein Besucher deutete eine galante Verbeugung an. »Malcolm MacDonald, der Erste.«

Angus stutzte. »Hast du wieder gelauscht?«

»Wäre mir zu fad. Du kommst sowieso nicht weiter mit deiner Frau Doktor. Soll ich mich drum kümmern?«

»Sehr liebenswürdig. Danke, nein. Selbst ist der Mann, erklärte mir Daddy einst. Was trinkst du Schönes?«

»Keinen Tee! Hohoho! Soll ich dir verraten, woher ich komme?«

»Sofern du nicht ›von draußen vom Wald‹ sagst.«

»Kentucky, USA.«

»Bitte? Wie bist du denn nach Amerika gelangt?«

»Mit dem Flieger.« Er streckte ihm den Pappbecher entgegen. »Könnte ich einen Refill bekommen, Dickerchen?«

»Dad! Ich hatte dich gebeten, mich nicht mehr so zu nennen!«

MacDonald senior senkte den Kopf. Wenn sein Kleiner wütend wurde, war Vorsicht angesagt.

»Als Zehnjähriger regte ich mich zum ersten Mal darüber auf!«

»Lang ist's her.« Malcolm hob die Hände, dabei den Becher umklammernd.

»Ich will hoffen, dein Behältnis ist leer. Meine Reinigungskraft war erst hier. Folge mir bitte.« Für familiäre Besuche verwahrte er The Famous Grouse, Blended Scotch, nie mehr als eine Flasche.

Malcolm tippte sich an die Stirn. »Verstehe, das Küchenkabinett mit dem guten Stoff!«

Nach all den Jahren hatte Angus noch immer Schwierigkeiten zu bemerken, wann sein Vater witzelte. »Eben«, antwortete er augenzwinkernd. »Nimm doch bitte Platz, Dad.«

»Werden wir jetzt gastfreundlich?«

Angus öffnete die Flasche und goss zwei Zentiliter ein.

Malcolm betrachtete sein Glas skeptisch. »Englische Portion, Kleiner?«

»Ich hatte vergessen, dass du doppelt soviel bevorzugst. Was verschafft mir die Ehre deines Besuches?«

»Wow! Wer war denn vor mir hier?«

»Bitte?«

»Ich bin's, nicht irgendein Botschafter. Geradlinige Sprache bitte, kein diplomatisches Geplänkel!«

»Schön. Bereitete dir deine Reise Freude?«

Malcolm hob zwei Finger in die Luft. »Whisky und Weib.«

»Schön.«

»Ist das alles? Willst du nicht wissen, wer die beiden waren?«

»The Famous Grouse und Marilyn Monroe«, sagte Angus geistesabwesend.

»Glaub bloß nicht, dass ich drüben unseren importierten Whisky trinke! Nur Bourbon und Rye kamen in den Becher. Außerdem: Vor einem Friedhofsgrab lässt sich schwer feiern. Marilyn lebt nicht mehr! Begleitet hat mich eine junge Frau, die du auch kennst.«

»Karen?«

»Werde dir doch nicht die Angebetete wegschnappen. Kleiner, wenn du so fragst, geht's dir schlecht.«

»In unserem neuen Fall kommen wir nur schwer …«

»Klar, wenn du deinen alten Herrn außen vorlässt.«

»Dad, mach dir keine Mühe!«

»Hab' dir was mitgebracht.« Malcolm fingerte ein malträtiertes Blatt Papier aus der Hosentasche und legte es auf den Küchentisch.

Angus versuchte, es zu glätten. »Politische Versammlung in der Leither Drill Hall, organisiert von einer Independence League.«

»Für unsere Unabhängigkeit. Kuck nicht so enttäuscht. Jetzt kommt das eigentliche Souvenir.« Er zog eine Plastikflasche aus der Jackentasche.

»Ja …?«, fragte MacDonald.

»White Dog, auch Moonshine genannt.«

»New Make?«

»Mountain Dew, White Lightning, Hooch, ist in den USA alles das Gleiche, frisch destillierter Whisky, nicht gereift.«

»Herzlichen Dank. Wer produzierte ihn?«

»Schwarzbrenner natürlich! Solltest du umfüllen oder schnell trinken. Sieben Tage nach der Produktion fängt der Whisky an, die Buddel aufzuessen.«

»Dad, du bist immer wieder für Überraschungen gut. Sollen wir gemeinsam probieren?«

»No! Kommst du zur Versammlung?«

»Auf jeden Fall. Zum persönlichen Interesse gesellt sich das berufliche.« Scheibenkleister! Wieder hatte er etwas über den Fall gesagt.

»Bringst du Frau Doktor mit?«

»Sehr unwahrscheinlich.«

»Macht's dir was aus, wenn mein Schätzchen auch kommt? Wir hatten Streit und ich möchte mich versöhnen.«

»Solltest du die Dame nicht besser zum Essen einladen?«

»Ist bei ihrem Ernährungsfimmel nicht so einfach.«

»Hat sie beruflich damit zu tun?«

»Kann man sagen. Sie ist so 'ne Art Öko-Doktor.«

»Oeco-Trophologin?«

»So heißt das, ja. Sie hat mal hier gewohnt, um dir das Abspecken beizubringen. Bis du sie von einem Gespenst hast verjagen lassen.«

»Griselda Armour von den Orkney-Inseln?«

»Ay!«

»Dieser Tag zählt nicht zu den besten meines Lebens.«

»Bist ganz blass geworden. Soll ich dir Wasser holen?«

Angus schüttelte den Kopf, öffnete die Flasche mit New Make und nahm einen gehörigen Schluck.

Sein Vater klatschte Beifall. »Aus dir wird noch was! Hab's immer gewusst.«

»Danke. Warum seid ihr ausgerechnet nach Kentucky gefahren?«

»Griselda kennt dort Ernährungstanten. Wohnen alle zusammen auf einer Farm. Immer wenn die Weiber mit dem Politisieren anfingen, habe ich die Nachbarschaft erkundet.«

Auf dem Herd blubberte MacDonalds neue Kreation, Bitterorangen mit *Maulbeeren*. So sehr er die klassische Marmelade mochte, im Duett oder Trio kam sie noch besser zur Geltung. Seine Einmachgläschen hatte er mit Deckeln zehn Minuten im Backofen bei einhundertundsechzig Grad sterilisiert. Marmelade, kochend heiß in die Behältnisse gefüllt, kühlte in ihnen ab und es entstand luftleerer Raum, ein Vakuum. Fünf Gläschen standen auf dem Küchentisch, immer wieder ein schöner Anblick. Selbst umfangreiche Menüs waren irgendwann verzehrt. Doch seine Marmelade hielt sich vergleichsweise lange. Gut, dann kümmere ich mich jetzt darum! Es hat keinen Zweck, die Sache länger aufzuschieben. Er holte das Telefon. »MacDonald hier. Könnte ich bitte mit Miss Hope-Weir sprechen? Apolonia, richtig. Ja, dieser Mann, der im Laden war. Sicher, das machen einige Menschen. Ich gab mich der Hoffnung hin, dass eine junge Frau wie Sie ein gutes Gedächtnis hat, Miss Redpath. Natürlich warte ich.« Glücklich über seine Freisprecheinrichtung, beschriftete er in den annähernd fünf Minuten Etiketten für die Gläschen.

»Miss Apolonia? Wie geht es Ihnen denn?«

»Angus Thinnson, wir haben viel zu tun. Fass dich kurz.«

»Wie es beliebt! Alberto und ich ermitteln immer noch in deiner Sache …«

»Müsst ihr nicht.«

»… und der Grund meines Anrufes ist etwas delikat.«

»Ahaha. Passt ja gut!«

»Bitte, was?«

»Foodie in delikater Mission!«

»Verstehe.«

»Warum lachst du dann nicht?«

Sollte er jetzt »ahaha« sagen? »Etwas später, meine Liebe. Deine Verlegerin besuchte mich.«

»Puh, was wollte die alte Fregatte?«

»Ich, äh …« Angus verschluckte seine Antwort.

»Alles okay, Thinnson?«

»Jaja. Mrs Howatson macht sich Sorgen.«

»Soll sich bloß abregen. Immer der gleiche Mist!«

»Ihr spracht bereits über deine Abgabefrist?«

»Hunderttausendmal! Die hat sie nicht alle. Hab' noch ewig Zeit.«

»Darf ich fragen wie lange?«

»Über sieben Monate. Die Wachtel hat keine Vorstellung, wie man Bücher schreibt! Bist nicht der Erste, den sie anbaggert.«

»Ich jedenfalls verspreche, dich nicht mehr danach zu fragen.«

»Grazie, Thinnson. Ahaha! Hat Howatson über mein politisches Engagement auch gejammert?«

»Ja. Apolonia, da wäre noch eine Sache ...«

»Si?«

»Mir ist aufgefallen, dass in euren Broschüren ein Thema ausgespart wird, Schottlands Unabhängigkeit.«

»Jajaja! Stimmt. Gehst am besten zur Kundgebung in der Drill Hall. Da wirste 'nen alten Bekannten treffen.«

»Wer sollte das sein? Hallo?« Aufgelegt! MacDonald hätte entgegnen können, dass seine Heimat Unabhängigkeit verdiente! Doch so wie Alberto mit Gästen weder über Politik noch Religion sprach, hielt auch er sich bei Ermittlungen zurück. Observieren und analysieren waren wichtiger, als auf eigener Ansicht zu beharren. Mrs Howatsons Verhalten kam ihm nach dem Telefongespräch mit Miss Hope-Weir noch bizarrer vor. Eine Verlegerin, die bei Autoren und Verwandten Hausbesuche machte, um Manuskripte anzumahnen! Konnte man von Überwachungswahn reden? Würde die Dame auch Schläger beauftragen? Es mussten mehr Fakten zusammengetragen werden.

Im Jahr 1915 erlangte die Edinburgher Drill Hall traurige Berühmtheit, als ein Zug mit Soldaten in der Nähe von Gretna in einen stehenden Lokalzug raste und dann von einem aus Norden kommenden Express gerammt wurde. Von den 485 Soldaten des siebten Batallions der Royal Scots starben 214. Ihre Angehörigen versammelten sich vor der Halle, um auf Nachrichten zu warten. Vor einigen Jahren hatte man damit begonnen, das Gebäude für andere Zwecke umzubauen. Gut 11.000 Quadratmeter konnten genutzt werden: Arbeitsmöglichkeiten für 60 Künstler, Café, Garten, Hallen für Ausstellungen und Veranstaltungen. Ein riesiges Glasdach tauchte alles in angenehmes Licht. Vollständig ließ sich die militärische Architektur nicht verleugnen: Die Räume im oberen Stockwerk waren über lange, freischwebende Gänge, mit Geländer versehen, erreichbar. Fans von TV-Gefängnisserien kamen auf ihre Kosten. Dass MacDonald die Halle trotzdem mochte, lag an der alternativen Buchmesse im Oktober. Dem Vergleich mit Londoner oder Frankfurter Buchmesse war sie größenmäßig nicht gewachsen. In Leith galt das Motto »klein, aber fein«, mit Büchern von alternativen Verlagen, die Buchhandelsketten kaum führten. Ideologisch ging man nicht vor. Große Häuser, die anspruchsvolle Werke publizierten, durften sie ebenfalls ausstellen.

MacDonald wollte sich mit seinem Vater vor dem Gebäude treffen. Der würde (gütiger Himmel!) Griselda Armour mitbringen, sofern sie sich dazu hergab. Angus, stets pünktlich, reiste heute nicht fünf, sondern zehn Minuten früher an, um die Begegnung geistig vorzubereiten. Falls Miss Armour ihn wieder mit dem Gesundheitskram behelligte, würde er jegliche Aussage verweigern! Genug war genug. Als sein Dad aufkreuzte, verging ihm nicht das Hören (unmöglich, weil er stets sehr laut redete), aber fast das Sehen: stonewashed Jeans, weiße Lederjacke und Turnschuhe. Miss Armour steckte ebenfalls in Goldgräberhosen, mit Löchern an strategisch wichtigen Stellen. Ihre Jacke bestand aus blauem Blousonstoff und endete in hohem Kragen. Darunter trug sie ein weißes T-Shirt mit USA-Flagge. Wo war ihr Polyacrylpullover geblieben?

»Hey Sohnemann, lungerst du schon lange hier rum?« Er boxte Angus auf den Arm. »Unsere Grissie muss ich ja nicht vorstellen!«

Konnte es sein, dass der Naturapostel Make-up aufgetragen hatte? Den Gepflogenheiten zivilisierten Zusammenlebens gemäß, streckte er ihr die Hand entgegen.

»Wow, wow, wow!«, rief Malcolm. »Zeit sich zu verbrüdern. Grissie, das ist Angus. Angus, das ist Grissie. Umarmt euch!«

»Lieber nicht, Dad.«

»Muss ich böse werden?«

Miss Armour kam näher und drückte ihn an sich. »Freut mich, Sohnemann.«

MacDonald sah zu seinem Dad, der ihm winkte.

»Ich hatte geschworen, mich nicht mehr zu binden«, meinte die Diplom-Oecotrophologin, »aber man soll niemals nie sagen. Mister Angus, es würde Ihnen kaum schaden, ein paar Kilos zu verlieren! Was meinst du, Malc?«

»Malc?«, wiederholte Angus fassungslos.

»Der bin ich«, antwortete der Senior und tippte sich auf die Brust.

»Nun?«, setzte Griselda nach.

»Zur Brüderschaft gehören Drinks!« Malcolm zog eine Halbliterflasche The Famous Grouse aus der Tasche.

»Dad, bitte!«

»No, Kleiner. Zeit für ein Treffen mit dem Gefieder.«[3]

»Dein Sohn hat Recht. Wir können nicht alle aus demselben Behältnis trinken.«

Malcom setzte die Flasche an und trank tüchtig. »So macht man das. Ihr seid dran!«

»Nein, danke«, erwiderte Grissie resolut.

»Heißt das, du willst eure Brüderschaft nicht besiegeln?«

»Lediglich ohne Alkohol.«

Miss Armour zog ein Fläschchen mit grauer Flüssigkeit aus der Jackentasche.

»Was ist das, Senf?«, wollte Malcolm wissen.

»So etwas wäre der Gesundheit abträglich. Schöner Sauerkrautsaft.«

»Shite!«

»Sprache!«, riefen Angus und Griselda.

»Hoho! Habt die gleiche Wellenlänge, ihr beiden. Dann trinkst du Whisky, Kleiner, und Grissie schluckt ihren Saftverschnitt!«

»Bringen wir es hinter uns.« Angus griff nach der Flasche, wischte mit seinem karierten Taschentuch über die Öffnung und trank mit zugekniffenen Augen. Miss Armour schluckte ihren Saft so determiniert, dass man glauben mochte, sie fliege einen Angriff als japanischer Selbstmordpilot.

---

3 Malcolm spielt hier auf the Grouse an, jenen Wildvogel, welcher dem Whisky seinen Namen gab.

»Gut gemacht, ihr beiden. Jetzt gehen wir rein. Gleich beginnt die Versammlung.«

»Dad, wenn ich bitten dürfte, dass du dich ruhig verhältst …«

»Weit hab' ich's gebracht! Sohnemann will mir den Mund verbieten und Gnädigste mischt sich ständig in mein Essen ein.«

»Frittierter Haggis gehört nicht zur gesunden Ernährung, Malc.«

»Siehst du, Sohnemann!«

Angus und Griselda schüttelten den Kopf, folgten ihm aber. Die Halle war überfüllt. »Um Gottes willen«, sagte MacDonald.

»Hier ist Schottland, Kleiner. Was hast du erwartet? Zehn Rentner hinter Rollatoren?«

Repäsentativer hätte das Publikum nicht sein können: Männer, Frauen, junge Menschen, Senioren, Kinder, und allen war freudige Erwartung ins Gesicht geschrieben. Eine Stimmung wie auf dem Weihnachtsmarkt, dachte MacDonald.

Ob er danach alles richtig wahrnahm, konnte Angus nicht sicher sagen. Griselda küsste seinen Dad schmatzend auf den Mund. Mehrere Anwesende drehten sich um. Altersgenossen Malcolms nickten ihm zu, mit den Lippen stumm das Wort Haudegen formend. Als wäre all das nicht genug, verließ auch noch eine junge Frau mit verstörender Ähnlichkeit zu Miss Hope-Weir die Halle. »Apolonia«, rief er, doch die Dame wartete nicht. Doppelgängerin? Optische Täuschung? Als er zurückkam, war die Räumlichkeit zum Bersten gefüllt. Sein Vater hatte sich mit Griselda am rechten, hinteren Rand aufgestellt und winkte. »Komm, Kleiner. Hier sind wir sicher.«

»Getreu dem MacDonaldschen Motto, dass man immer auf ein Feuer vorbereitet sein sollte.«

»Ay, gut aufgepasst, Sohn. Schön, dass du mitgekommen bist.«

Dass er neben der schottischen Unabhängigkeit auch noch seinen Fall im Auge hatte, musste Angus verschweigen. Man würde ihm wieder mangelnde Begeisterung für die schottische Sache andichten. Außerdem genügten zwei Detektive völlig.

»Flower of Scotland, when will we see your like again …«

Es gab vermutlich keine Versammlung im Land, die sich der Nationalhymne verweigerte. Fußballspiele, Familienfeiern und politische Veranstaltungen, überall wurde das Lied geschmettert. Ein gut genährter Mann im Kilt (Clan Buchanan, registrierte Angus) betrat die Bühne. Das schüttere, graue Haar trug er auf drei Seiten igelkurz mit schulterlangen Fransen. Ein Friseurbesuch wäre kein Luxus gewesen.

»Ladies and Gentlemen, liebe Kinder. Schön, dass ihr da seid. Für die Feuerwehr müssen wir leider die Türen schließen. Ich entschuldige mich bei allen, die nicht teilnehmen können. Wir sehen wieder einmal, dass Schottlands Freiheit keine modische Idee ist, sondern tiefes Verlangen, und damit das endlich etwas wird mit unserer Unabhängigkeit, haben wir die Independence League gegründet. Keine Partei, sondern Bürgervereinigung. Scotland forever!« Er hielt das Mikrofon in den Saal und hundertfach hallte es zurück. Scotland forever! »Ay! So gefällt mir das! Wir haben ein schönes Programm für euch vorbereitet. Unser erster Redner ist Reggie.«

»Wer?«, rief Malcolm viel zu laut.

»Reggie«, sagte Angus.

»Hab's immer noch nicht verstanden!«

»Höchst interessant«, erklärte MacDonald und versuchte, sich hinter seinem Vater zu verstecken.

»Bist du nicht zu alt für solche Späße?«

Alberto hätte es niemals zugegeben. Doch diese weißen Dämonen faszinierten ihn. Für jemanden, der eine jesuitische Erziehung gehabt hatte, war alles Unkonventionelle anziehend. Frei sein, keine Stromrechnungen und Einkäufe mehr. Supermarkt, Bäckerei und Ikea fielen weg. Obwohl Letzterer nicht allzu schlimm war. Noch immer fand er bei den Schweden schöne Messer für seine Kollektion. Als Outlaw leben? Nein, selbst mit nörgelnder Ehefrau war er besser dran. Angus hatte er nicht erzählt, dass er das vermeintliche Mäuschen Sophie Tawse beschatten würde. Es war eine spontane Idee. Stundenlang stand er auf der anderen Straßenseite und als die Feierabendzeit kam, war er fast enttäuscht, keine Rocker auszumachen. Miss Tawse, ohne Motorradhelm, ging so schnell, dass sie zu schweben schien. Wie eine kleine Hexe. Obwohl geübter Fußgänger, hatte Alberto Mühe zu folgen. Wollte die junge Frau ihn abschütteln? Zweimal blieb sie stehen, um das Make-up zu kontrollieren, klappte ihren kleinen Spiegel wieder zu und rannte weiter, über die stark befahrene Princess Street, hupenden Autos ausweichend. Sie ging in die Princess Street Gardens, jene Parkanlage, die Old Town und New Town trennte. Vom Mittelalter bis zum neunzehnten Jahrhundert befand sich hier ein See, Nor Loch genannt. Unschuldige Frauen wurden verhört und in unzähligen Fällen als Hexen hingerichtet. Obwohl man munkelte, dass die Leichen in Nor Loch versenkt wurden, entnahmen damals viele Edinburgher hier ihr Wasser. Was wollte Tawse im Park? Schotten hatten eine erstaunliche Auffassung von Aufenthalten im Freien! Im Sommer auf einer schönen Piazza sitzen und Cappucino trinken, jederzeit. Aber bei einstelliger Temperatur Parkbänke belegen? Assolutamente no! Genau das tat sie, setzte sich zu einer anderen jungen Dame. Anne Redpath! Was tun? Die Damen gaben sich Küsschen und Redpath zog aus einer Papiertüte zwei Kaffeebecher. Wenn er doch nur die Konversation richtig hören könnte! Er musste Angus auf professionelle Ausrüstung ansprechen, auf jeden Fall Richtmikrofone. Das Gespräch wurde hitziger. Königreich für einen Hund! No, Vierbeiner würden als Tarnung nicht helfen, denn beide Damen kannten das vermeintliche Herrchen. Wenn man sich anschleichen würde … er passierte den Eingang, ging nach links und stieg langsam nach unten. Für die nächste Beschattung würde er Bergsteigermontur einpacken. Sollte lachen, wer wollte! Die beiden Frauen waren in heftige Konversation vertieft. Ein, zwei Meter noch, dann war es geschafft. Si, jetzt hinter diesem schönen Baum versteckt und los ging's. Alles gut zu verstehen.

»Diese ständigen Belehrungen nerven!!«, schimpfte Miss Tawse.

»Verstehe ich. Aber Apo meint es nicht böse.«

»Hilft mir das weiter? Nein!«

»Nur wegen des Geldes?«

»Es geht immer darum, oder?«

»Weiß nicht. Mir macht die Arbeit großen Spaß. Denk nur an die vielen Projekte, an denen wir beteiligt sind.«

»Musst du in Zukunft ohne mich machen!«

»Bin ich jetzt vom Super-Ereignis ausgeladen?«

»Quatsch! Wie kommst du darauf? Feier bleibt Feier! Mit den gleichen Gästen.«

»Schön! Ich freue mich sehr auf deine Hochzeit, Sophie.«

»Porca vacca!«, rief jemand unvermittelt.

»Hast du das gehört?«, fragte Anne Redpath.

»War ja laut genug. Hockt da ein Perverser im Gebüsch?«

»So hört sich's an. Komm lass uns gehen, bevor er die Hosen runterlässt.«

Alberto hatte es ebenfalls sehr eilig. Keine noch so interessante Konversation konnte ihn davon abhalten, Exkremente von seinen Schuhen zu entfernen! Pfui Spinne! Sauerei! Wer seinen Hund nicht erzog, gehörte ins Gefängnis und hatte vorher den Dreck zu beseitigen!

»Wer ein Geheimnis bewahren möchte, kleidet es am besten in Offenheit.«

Alexander Smith (1830 – 1867), Dichter

Draußen in Leith

Der erste Redner war nicht irgendein Reggie aus Leith gewesen, sondern Butler Reginald. Ausgerechnet der reservierte Herr, mit dem er und Alberto gesprochen hatten, führte sich vor Publikum wie ein Demagoge auf. MacDonald stand nach dem Ende der Veranstaltung mit seinem Dad und Miss Armour vor der Halle. Die meisten Besucher waren bereits nach Hause gegangen.

»Der Mann sagt die Wahrheit. Ohne Engländer sind wir besser dran.«

»Ich sehe es auch so, Malc«, antwortete Miss Armour. »Viel zu lange litten wir unter tyrannischem Joch.«

Malcolm patschte seiner Freundin die Hände auf den Rücken. »Gut gesagt, Grissie. Wer hätte vermutet, dass selbst Orkadier für unsere Sache kämpfen.«

»Soll bedeuten?«, fragte Griselda.

Bekäme Malcolm doch nur für jeden falschen Satz einen Penny! »Well, hab' immer gedacht, dass ihr da oben ganz für euch sein wollt, auch ohne Schottland und so. Von den Sassenachs gar nicht zu reden.«

MacDonald bedauerte, in Begleitung gekommen zu sein. In solchem Kuddelmuddel ließ sich kaum ermitteln!

»Schau nur, Malc. Dickerchen macht wieder ein langes Gesicht.«

Malcolm hielt Angus die Whiskyflasche entgegen. Angus zog die Nase weg. »Darf ich etwas fragen, Dame und Herr?«

Vater und Stiefmutter in spe verstummten und sahen andächtig zu ihm.

»Kam euch Reginalds Vortragsweise nicht eigenartig vor?«

»Na! War okay.«

»Stichwort Mussolini.«

»Erklären Sie sich, junger Mann!«

»Die Art, wie er sprach, mit den Armen fuchtelte. Dafür gibt es ein berüchtigtes Vorbild.«

Miss Armour verstand nicht. »Ja, und weiter?«

»Kleiner, ich sage dir, dass Reggie …«

»Pst, Dad!«, bat MacDonald. Zu spät. Reginald stand schon neben ihnen. Er wirkte sehr gelöst, als ob das lauthalse Reden ihn verjüngt hätte. Gehörte der Duce-Touch mittlerweile zu den Aufgaben eines Butlers? Um potenzielle Angreifer einzuschüchtern? Zugegeben, niemand wollte es mit dem ehemaligen italienischen Faschistenführer zu tun haben!

»Guten Abend, Mister MacDonald. Warten Sie auf mich?«

»Nein, wir schnappen nur frische Luft.«

»Sohnemann beliebt zu scherzen. Meine Begleitung war vom Vortrag begeistert.«

»Darf ich fragen, wer Sie sind?«

»Malcolm MacDonald schimpfe ich mich. Bin der Dad vom Kleinen.«

»Sehr angenehm. Mister MacDonald junior, könnte ich Sie bitte unter vier Augen sprechen?«

»Wir entfernen uns einige Schritte?«

Reginald nickte erleichtert. »Die Geschichte ist mir unangenehm, Sir. Würden Sie bitte alles für sich behalten?«

»Gegenüber Miss Hope-Weir?«

»Ja.«

»Ich verstehe leider nicht, warum Apolonia nichts von ihrer politischen Tätigkeit erfahren soll.«

»Wir sind eine kleine Gruppe, die sich für Schottland einsetzt. Da muss man kein Aufheben machen, oder?«

»Verraten Sie mir, warum Sie der Independence League angehören?« Und dabei den Duce verkörpern!

Butler Reginalds rechtes Auge zuckte. MacDonald bemerkte eine leichte Färbung darunter, als ob er unlängst Bekanntschaft mit Fäusten gemacht hätte …

»Miss Apolonia ist eine hervorragende Arbeitgeberin. Falls sie jedoch von der politischen Tätigkeit erfährt …«

»Eigenartig, Miss Hope-Weir kündigte mir an, heute ein bekanntes Gesicht zu sehen.«

»Gehen Sie davon aus, dass sie mich meinte?«

»Möglich ist es.«

»Nun bin ich verloren!«

»Übertreiben Sie nicht ein wenig? Bestimmt lässt Miss Apolonia mit sich reden.«

»Sie legen ein gutes Wort für mich ein?«

»Also, ob ich …«

»Anguslein macht das gerne für Sie, Mister Reginald.«

Sie verunstaltete seinen Namen und gab auch noch ein Versprechen für ihn ab!

Reginald schien überglücklich zu sein. »Vielen herzlichen Dank, Miss …«

»Armour. Meine Freunde nennen mich Grissie, junger Mann.«

Reginald küsste ihre Hand. Zu den MacDonalds hin verbeugte er sich. »Madame, Gentlemen, es war mir ein Vergnügen.«

Miss Armour blickte ihm sehnsüchtig hinterher.

»Der Bursche hat Dreck am Stecken!«

»Dad, Reginald ist noch in Hörweite!«

»Mir doch Wurst. Er kann die Franzmänner noch so schönreden! Wir schaffen es auch ohne sie.«

»Reden wir von der Auld Alliance?«

»Ay! Hast du nicht gehört, dass er zweimal eine Anspielung auf Frankreich machte?«

»Ehrlich gesagt, nein.«

»Was macht unser neuer Fall?«

»Bitte?«

»Kleiner, mach mir nichts weis. Als dieser Reginald auftauchte, war mir klar, wohin die Fahrt geht. Wie können wir helfen?«

»Wir?«

»Malcolm und Grissie sind zwei Personen. Wäre nicht das erste Mal, dass wir dir unter die Arme greifen.«

»Oje, jemine und jerum!«

»Unser Angus ist ein wandelndes Wörterbuch, Malc.«

»Kannst du so sagen, Grissie.«

MacDonald überlegte sich, ein Schild an der Haustür zu befestigen: Heute keine Visite. Falls das nicht funktionierte, würde er härteres Geschütz auffahren: Visite nur nach telefonischer Vereinbarung! Kein handgeschriebener Zettel, sondern gediegenes Metallschild mit einschüchternden schwarzen Lettern sollte es sein. Es war verständlich, dass Vertreter Waren veräußern mussten. Aber warum wollten Freunde und Bekannte nicht respektieren, dass er vorwiegend zu Hause arbeitete? Von Recherchen und Interviews abgesehen, war sein Arbeitsplatz hier. RIIING! Zum dritten Mal wurde geklingelt. Angus rückte die Kochschürze zurecht und ging gemächlich zur Tür. »Alberto, wie freue ich mich über dieses unverhoffte Wiedersehen.«

»Hattest du gerade Besuch von einem Politiker?«

»Äh, wie bitte?«

»Ist nicht so wichtig. Wir müssen reden.«

»Folge mir bitte in die Küche. Ich koche Marmelade.«

»Wieder mit Bitterorangen?«

»Auch ein schöner Whisky gehört dazu«, erwiderte Angus, auf den Seitenhieb nicht eingehend.

»Von den Highlands?«

»Islay, Laphroaig.«

»Wer?«

MacDonald hatte ihm in den Jahren ihrer Freundschaft immer wieder erklärt, dass es außer den Highlands noch vier andere schottische Whisky-Regionen gab. Leider erfolglos. »Getorfter Whisky«, sagte er nur.

»Bäh!«

»Wortmächtiger Kommentar.«

»Angus, hör mir genau zu. Ja, alles sehr einfach. Miss Tawse ist die Täterin!«

»Du teiltest es mir bereits mit.«

In den fünf folgenden Minuten erzählte Alberto, was er belauscht hatte, und Angus beobachtete ihn wie einen Schiffsunglücksüberlebenden. »Leider reicht das beileibe nicht aus.«

»Buono! Hat der Herr vielleicht bessere Verdächtige?«

»Dass wir uns im Wettstreit befinden, leuchtet mir nicht ein. Wie auch immer, ich bin zu der Veranstaltung der Independence League gegangen. Butler Reginald, auch als Reggie bekannt, sprach dort glühend für unsere Unabhängigkeit.«

»Wie, unsere? Bin immer noch Friulaner!«

»Vernahmst du den Rest meiner Rede auch?«

»Certo. Butlerchen kann aus sich rausgehen. Schön für ihn.«

»Alberto, du verblüffst mich immer wieder.«

»Grazie«, antwortete Vitiello würdig.

»Reginald ist tatsächlich ein Mensch mit vielerlei Facetten. Nach der Veranstaltung bat er mich, bei Apolonia ein gutes Wort für ihn einzulegen.«

»Schon wieder! Worum geht es dieses Mal?«

»Butler Reginald befürchtet, dass Miss Hope-Weir ihn wegen der politischen Tätigkeit entlässt, denn von Kleinstaaterei hält sie nichts. So gab sie mir das auch zu verstehen. Außerdem meinte Apolonia, dass ich in der Drill Hall einen alten Bekannten treffen werde.«

»Das hätte jedermann sein können.«

»Stimmt. Aber er war der Einzige, den ich kannte. Abgesehen von Dad und Grissie.«

»Welche Grissie?«

»Miss Armour.«

»Porco Dio! Die Ernährungstante ist wieder auf der Bildfläche erschienen?«

»Schlimmer noch. Sie und Dad wollen helfen, unseren Fall zu lösen.«

»No und abermals no!«

»Sehe ich auch so. Was hast du übermorgen vor?«

»Da kommen neue Gäste.«

»Ist im Winter nicht Flaute?«

»Sisi! Jetzt kommen aber doch Touristen.«

»Ich werde beim Tantalon Castle mit Karen ein Picknick machen. Zur gleichen Zeit fährt dort Apolonias Jam Mobile vor.«

»Was ist das denn?«

»Ein Fahrzeug, aus dem heraus Marmelade verkauft wird. Du erinnerst dich an Apolonias politische Broschüren?«

»Sisi.«

»Beim Durchblättern fand ich einen Flyer mit dem Termin.«

»Schön, dass ich auch mal davon erfahre.«

»Sagte der Signore, der auf eigene Faust ermittelt.«

»D'accordo! Hast Recht! Für dich sehe ich allerdings ein riesiges Problem …«

»Und das wäre, bitte?«

»Sobald dieses Marmeladenfahrzeug auftaucht, wird Karen misstrauisch werden und dich fragen, ob du davon wusstest.«

MacDonald strich sich übers Kinn. »Diffizile Angelegenheit, ja.«

»Was willst du sagen? Mein Name ist Hase?«

»Den Flyer fand ich erst, nachdem ich Karen das Picknick vorgeschlagen hatte. Als einzige Alternative hätte ich ihr stante pede absagen können.«

»Es wäre nicht gut ankommen, Angus. Schwierige Situation. Kreuzt dann noch Mister Dinwiddie auf, bist du erledigt.«

»Erkläre er sich!«

»Gestern habe ich in der Zeitung gelesen, dass im Tantalon Castle ein Kollege von ihm auftauchte.[4] Vielleicht spukt er schon mit. Jetzt hab' ich eine Idee! Wann kommt das Marmeladenauto?«

»Um 15 Uhr.«

»Mach dein Rendezvous um 13 Uhr.«

»Kein Mensch veranstaltet um diese Zeit ein Picknick.«

Die Holyrood-Abtei, heute nur noch als Ruine bestehend, wurde im Jahr 1128 erbaut und für Ratsversammlungen wie auch vom schottischen Parlament frequentiert. Warum nicht noch eine königliche Residenz anbauen, sagte man sich irgendwann und es entstanden Kapelle, Galerie, königliche Gemächer und großer Saal. Im 17. Jahrhundert bekam das Schloss einen

[4] Alberto spielt hier auf MacDonalds Mitbewohner in »Currys für Connaisseure«, das Gespenst Dougal Dinwiddie, an.

vierten Flügel. Als England und Schottland im Jahr 1707 vereint wurden, war Holyrood Palace nicht mehr so wichtig, wurde aber weiter von schottischen Adligen bewohnt. Heutzutage konnten verschiedene Teile des Schlosses besichtigt werden, sofern sich die königliche Familie nicht gerade vor Ort aufhielt. Königin Elisabeth II. empfängt hier regelmäßig Gäste. Zu ihrer alljährlichen Gartenparty erscheinen 8.000 Gäste. Rona Howatson und ihr Gatte schlenderten durch den Garten, mit Blick auf die Abteiruine. »Ich finde nicht, dass es eine gute Idee war, sich hier zu treffen, Keith.«

»Warum?« Keith Howatson trug pflegeleichten Bürstenhaarschnitt, war noch als Endvierziger schlank und hielt sich vorbildlich aufrecht.

»Diese Wächter in Lilibeths Galerie sind eine Plage!«

»Tun nur ihre Pflicht. Ignorieren, Schatz. Außerdem sind wir ja jetzt im Garten.«

»Sie hörten, worüber wir sprachen!«

Keith lachte. »Na und, Dummerchen? Wir sind keine Verbrecher.«

»Nenn mich nicht immer so!«

Er tätschelte liebevoll ihren Haardutt.

»Meine Frisur! Dieses lästige Anfassen!«

»Tschuldigung. Wird nicht wieder vorkommen, Frau Verlegerin. Was wolltest du mich fragen? Schieß los!«

»A. H., ihr politischer Kram?«

»Sie kontaktierte eine Druckerei. Es geht um neue Etiketten für Marmeladengläschen.«

»Jetzt wird es spannend!«

»Apo plant, politische Botschaften darauf anzubringen.«

»Wohl völlig übergeschnappt!«

»Könnte sein.«

»Was für Botschaften?«

»Rettet die Wale! Hände weg vom Regenwald! Trinkwasser gehört allen!«

»Katastrophe! Weltenbrand!«

»Jetzt übertreibst du, redest schon wie die Kleine.«

»Thank you very much indeed. Gelobt sei unsere harmonische Ehe.«

»War nicht böse gemeint, Kügelchen. Apolonia …«

»Codename!«

»A. H. hat sich auch nach speziellem Klebematerial erkundigt. Sie möchte, dass die Etiketten leicht entfernt werden können.«

»Natürlich, wenn jemand seine Marmelade gegessen hat, trennt er sich gerne schöne Botschaften fürs Poesiealbum ab. Schau nur, schon kommt einer von den Wächtern dahergestolpert. Ja, ich weiß, links liegen lassen.«

Keith wollte wieder ihren Dutt berühren, zog die Hand aber im letzten Moment zurück.

»Was schlägst du vor, Keith?«

»Oho, meine Frau bittet um Rat. Wo ist der Kalender?«

»Hör schon auf. Du bist anerkannter Sicherheitsexperte in unserem Team.«

»Ich behalte A. H. weiter im Auge. Wenn sie gravierende Dummheiten macht, melde ich's dir. Okay?«

»Es passt mir gut. Hast du mit der Mutter gesprochen?«

»Wie käme ich dazu? Es lag ja kein Auftrag vor.«

»Sei nicht albern. Wir müssen wissen, ob die andere Person friedlich bleibt, können keine weitere Unruhe gebrauchen.«

»Niemand will Bücher von Opfern kaufen, richtig?«

»Kommt darauf an. Geht es um Entführungsopfer …«

»Schreiben die auch Kochbücher?«

Rona Howatson sah ihren Gatten nachdenklich an. »Lass uns nach Hause gehen, Keith. Mir kommt da eine Idee.«

»Hat sie mit unserem Bett zu tun?«

»Nicht schon wieder!«

Nach zaghaftem Widerspruch stimmte Karen dem Ausflug zu. MacDonald wollte sie an ihrem Wohnort Musselburgh abholen. Als er Alberto von seinem Erfolg erzählte, sagte der: »Bei deinen Fähigkeiten im Verhandeln solltest du für die Kriminalpolizei mit Geiselnehmern reden.« Unfug! Als ob sie nicht genug eigene Fälle hätten! Angus parkte den Wagen vor dem Haus. Karen musste hinter den Gardinen gestanden und gewartet haben. Sie eilte aus dem Haus und streckte ihm stocksteif die Hand entgegen, was ihm gar nicht gefiel. Doch nach vermeintlicher Eskapade mit Emma Anderson hatte MacDonald junior noch immer Buße zu tun. »Wann können wir das Thema endlich abschließen, Karen?«, hätte er am liebsten gefragt. Alberto und Maria besaßen als Italiener die Möglichkeit zu derartiger Direktheit. Allerdings hatte er nicht den Eindruck, dass sie ihnen immer zum Vorteil gereichte.

»Angus!«

MacDonald, aus Gedanken gerissen, erschrak. »Bitte? Ja?« Wenn Frau Doktor enerviert war, leuchteten ihre Sommersprossen, durch den Kontrast mit den schwarzen Haaren, besonders klar.

»Du schaust so bedrückt. Wir machen einen schönen Ausflug, dachte ich.«

»Gott sei Dank nur das!«

Karen rollte mit den Augen. »So kann man es auch sehen!«

Schon wieder ein Gedanke ausgesprochen! »Gerne, meine Liebe, wollte ich sagen.«

»Gibst du mir heute noch die Hand?«

Wenn das Stelldichein so weiterlief, wäre es besser, Marmelade zu kochen …

»Sollen wir uns lieber für einen anderen Tag verabreden?«

Hoffnung keimte auf. »Wenn dir das angenehm wäre, Karen.«

»Nicht zu fassen.« Der Schmollmund formierte sich, Zeichen kaum umkehrbaren Stimmungswandels.

»Selbstverständlich wäre es schöner, unser Picknick jetzt zu veranstalten.«

»Angus, ich weiß nicht, was los ist mit dir. Nach dem Vorfall mit dieser … Emma erhoffte ich mir mehr Entgegenkommen.«

So konnte man es auch nennen. Einzig die Vision eines abendlichen Drams Clynelish trieb ihn vorwärts. »Selbstredend.« Er öffnete ihr galant die Beifahrertür. Sie zu schließen, war schwieriger. Dreimal musste er Anlauf nehmen, bis es klappte.

»Was ist denn mit dieser Tür los?«, fragte Karen, als er einstieg.

»Vermute, dass manipuliert wurde.«

»Müssen wir um unser Leben fürchten?«

»Wieso denn das?«

»Ohne Bremsen werden wir kaum heil ankommen.«

»Keine Sorge, sie sind intakt.«

Karen kramte hektisch in ihrer Handtasche. »Dann ist ja gut. Ich dachte, mit dem Wagen stimmt rundum etwas nicht.«

Mehrere Versuche, über das Wetter zu sprechen, scheiterten, und so griff er auf sein historisches Schatzkästchen, die Geschichte des Tantalon Castle, zurück. »William, der erste Earl of Douglas, ließ die Burg, oder sagen wir besser Schloss, denn eindeutig ging es um Repräsentation, in den 1350er-Jahren errichten. Dreißig Jahre später teilte sich die Familie in zwei Zweige, Black Douglas und Red Douglas. Die Red Douglas von Angus bekamen das Schloss und hielten es 300 lange Jahre …«

»Wie interessant.«

»Ja, nicht wahr?«

»Angus, ich meinte es ironisch.«

»Ach so.«

»Entschuldige bitte, ich habe das Schloss schon oft besichtigt und bin mit seiner Geschichte gut vertraut.«

»Wir begnügen uns also damit. Für das Picknick habe ich ein Plätzchen im Grünen vorgesehen, rechter Hand des Castle.«

»Ist das gestattet?«

»Wüsste nicht, was dagegen spricht. So haben wir eine Panorama-Rundsicht. Schloss, Meer und weite Felder.«

»Wie kamst du auf diese Idee?«

Obacht, Angus! Jetzt nichts Falsches sagen. »Picknicken ist immer eine feine Sache, dachte ich. (Zugegeben, es gab passendere Monate als den März!) Vor allen Dingen mit einer netten, jungen Dame.«

»Alter Schmeichler.«

»Sodann überlegte ich, was in deiner Nähe in Frage kommt. Du bist vielbeschäftigt und hast wenig Freizeit …« Zum ersten

Mal lächelte Karen. Er für seinen Teil käme gerne einmal pro Woche hierher. Tantalon Castle, direkt an steile Klippen gebaut, aus rotem Sandstein, mit prächtigem Innenhof, war eines der eindrucksvollsten Schlösser der Britischen Inseln, selbst als Ruine noch. Wer würde dieses Bauwerk nicht mögen? MacDonald hielt in der Nähe des Castles, wenige hundert Meter entfernt, als Regen einsetzte. »Nur ein kleiner Schauer. Es klärt gleich wieder auf«, sagte er ermutigend.

Karen sah zum schmutzig-grauen Himmel. »Sieht aber nicht so aus.«

Die Vorzüge eines VW Käfers waren Legion. Doch gute Innenakustik zählte nicht dazu. Wasser prasselte hart auf das Dach.

»Fahren wir besser nach Hause«, schlug Karen vor.

»Gerade erst kamen wir an …«

»Die Sintflut ebenfalls!«

Zehn Minuten später hatte sich der Regen intensiviert. Wahre Sturzbäche flossen darnieder. Selbst Angus verlor seinen Optimismus, wollte es aber nicht zugeben.

»Mir ist kalt.«

»Soll ich die Thermoskanne aus dem Picknickkorb holen, Karen?«

»Macht das nicht zu große Umstände?«

»Nein, es wird mir ein Entzücken sein.« So konnte er der schlechten Stimmung entkommen. Behändig verließ er das Fahrzeug, schlug den Kragen seines Harris-Tweed-Jacketts hoch und ging nach vorne. Als er den Korb öffnete, erwartete ihn die nächste böse Überraschung. Mutmaßlich mit Hilfe des gelösten Thermoskannendeckels war es dem Tee gelungen, Sandwiches, Scones, Servietten, Besteck und Gläser zu fluten. »Als ob die himmlische Dusche nicht genügte!«

Karen kurbelte das Beifahrerfenster nach unten. »Was meinst du?«

Er winkte ab. Nichts mehr zu retten: Rendezvous missraten! Essen im Eimer! Angus hörte ein lautes Geräusch und sputete sich, ins Auto zurückzukehren.

»Was ist das, bitte?«

Aufgrund des Tons war Angus klar, dass frau ihm die Schuld am Lärm zuschob, wer auch immer ihn verursachte. »Ich höre nichts.«

»Kaum möglich, Angus!«

Um guten Willen zu zeigen, presste er das Ohr an die Scheibe. Dummerweise hatte er nicht oft Zeit, den Wagen zu reinigen …

»Nun?«

»Es könnte ein Wohnmobil sein.«

»Jam Mobile.«

»Bitte?«

»Slogan auf dem Sattelschlepper, der sich an uns vorbeikämpft.«

Angus reckte den Hals. »Tatsächlich! Das prangt auf der Seite.«

»Hattest du mir nicht von einem Marmeladenbuch erzählt, an dem du gerade arbeitest?«

»Ja, warum?«

»Was für ein Zufall, dass gerade jetzt dieses Jam Mobile vorfährt …«

Karen war geübt darin, Menschen einzuschätzen. In ihre Praxis kamen geborene Hypochonder, Menschen, die Krankheiten nicht ernst nahmen und viele andere. »Hast du davon gewusst, Angus?«

Seine Mama hatte ihn erzogen, stets die Wahrheit zu sagen. »Ich erfuhr es erst, nachdem wir uns verabredet hatten.«

»Kein Grund, darüber zu schweigen.«

»Ist es von großer Bedeutung, Karen?«

»Mir wurde ein privates Picknick versprochen!«

»Das kann es noch werden. Wir suchen uns ein anderes Plätzchen.«

»Nein, danke. Ich möchte auf schnellstem Weg nach Hause.«

MacDonald sah versöhnlich zu ihr. Vergeblich. Die Fahrt nach Musselburgh war in komplettes Schweigen gehüllt. »Ich rufe dich morgen an, ja?« Karen knallte die Wagentür wild zu und rannte mit der Handtasche über dem Kopf von dannen.

»Wenigstens musste ich mich nicht mit dem Gespenst von Tantalon auseinandersetzen!« Der Himmel war einsichtig, zeigte sich von seiner besten Seite. Sämtliche Regenwolken zogen aufs Meer hinaus. »Thank you very much indeed«, sagte MacDonald und grüßte mit erhobener Hand. »Durchaus, wer unser Wetter nicht mag, wird angehalten, zehn Minuten zu warten!« Am Tantalon Castle hatte Miss Hopes Team mittlerweile die Seitenfläche des Trucks aufgeklappt, Tische und Stühle aufgebaut. Richtig anheimelnd sah es aus. Er parkte sein Gefährt in Sichtweite und schlenderte auf das Jam Mobile zu. Als Apolonia ihn sah, winkte sie enthusiastisch. »Hallo, Angus. Toll, dass du da bist!«

Eventuell war das Schicksal doch auf seiner Seite. Karen hätte auch mitbekommen können, dass er mit dieser jungen Dame bekannt war.

»Juhu! Juhuhuhu! Nur näher, den ganzen Weg, Angus.«

Trotz ihrer erratischen Art war Apolonia sehr sympathisch.

»Tasse Tee gefällig, der Herr?« Sie streckte ihm einen Becher entgegen.

»Woher wussten Sie, du, wusstest du, dass ich Milch nehme?«

»Hab' geraten. Geht's gut? Schaust so miesepetrig.«

»Das wundert mich überhaupt nicht.«

»Trink erst mal. *Jeelie Piece* dazu?«

»Bitte, ja. Bezaubernd.«

»Ahaha, wie du wieder redest! Warst vorhin schon mal da?«

»Ich, äh, ja, kurz.«

»Saß im Automobil jemand neben dir?«, fragte sie grinsend.

»Das ist bedeutungslos.« Wenn Karen erfuhr, was er gerade gesagt hatte, war der Ofen für alle Zeiten aus!

»Rona hat mir erzählt, dass du auch Schinkenmarmelade kochst.«

»Nur ein kleiner Versuch.«

»Könnte ich die mal probieren?«

»Im Moment experimentiere ich noch.«

»Ruf mich an, wenn du soweit bist. Dann komm ich vorbei. Schau nicht so erschreckt. Ich denk an einen Kolleginnentreff.«

»Selbstredend.«

»Wie schmeckt das Sandwich, Angie?«

»Nein! Angus heiße ich und so wird es immer bleiben!«

Apolonia hob die Hände. »Wusste ja nicht, dass es so explosiv für dich ist. Wird nicht wieder vorkommen.«

»Entschuldige bitte. Schlechte Laune sollte ich nicht auf dir abwälzen.«

»Senza Problema. Wir haben alle unsere Tage.«

»Was ist los?«

»Tag meinte ich. Sorry!«

MacDonald blickte zum Castle, was seine Nerven etwas beruhigte. »Die Marmelade mundet mir. Wird das Rezept in deinem Buch enthalten sein?«

»Auf jeden Fall, ANGUS. Sag ich's richtig?«

Er betrachtete seine feuchten Schuhe. »Natürlich. Miss Apolonia, es gibt da noch eine andere Sache, die ich gerne mit dir besprechen würde.«

»Oh, oh, jetzt kommt's.«

»Dein Butler sorgt sich um seine Stellung.«

»Was hat er ausgefressen?«

»Überhaupt nichts. Er ist nur ein wenig … politisch tätig.«

»Soso. Wo denn?«

»Scottish Independence League.«

Apolonia haute die Faust auf den Tisch, der unter der Wucht zitterte. »Er hat also Ernst gemacht. Das reicht mir jetzt mit dem Kerl!« Sie zog ihr Handy aus der Tasche, wählte aus dem Speicher eine Nummer.

»Darf ich fragen, wen du anrufst?«

»Den alten Nazi natürlich!«

»Ich muss doch sehr bitten! Für Schottlands Unabhängigkeit zu streiten, macht einen Menschen nicht zum Nationalsozialisten.«

»Doch! Klaro!«

»Aber Apolonia …«

»Silenzio!«

Angus erhob die Hand zum militärischen Gruß. »Zu Befehl!«

Miss Hope-Weir entging die Ironie. »Reggie, du bist gefeuert! Sofort! Verstehst nicht warum? Ganz einfach: Nazis haben in meinem Haus nichts verloren. Nein, von mir bekommst du kein Zeugnis. Kannst froh darüber sein! Würde nichts Gutes drinstehen, Mister Hitler!« Sie stierte MacDonald an, welcher in der Naturschönheit Zuflucht fand. »So eine Memme! Freunde vorzuschicken!«

»Mister Reginald und ich sind nicht befreundet. Ich traf ihn zufällig. Willst du es nicht noch einmal überdenken, Apolonia? Er scheint eine versierte Kraft zu sein.«

»No, no und nooo!« Sie malte die Buchstaben in die Luft.

»Falls er der Täter sein sollte, könnte alles noch unangenehmer werden.«

»Na, wenn schon!«

»Immerhin bleiben wir von Dougal Dinnwiddie verschont.«

»Wer ist das?«

»Ehemaliger Mitbewohner von mir.«

Malcolm MacDonald, gebürtiger Leither, bewohnte noch immer das Häuschen in North Queensferry, das er fast fünfzig Jahre zuvor in Sichtnähe zur Eisenbahnbrücke gebaut hatte, und obwohl Grissie ihm in den Ohren lag, wollte er nicht umziehen. Wenn überhaupt, gab es mehr Platz als früher. Angus und William zogen aus. Seine gute Ehefrau ging vor langer Zeit von ihm. Ihr Geburtstag jährte sich und er würde wieder einen schönen Blumenstrauß aufs Grab legen. Ein sanfter, oft fast zu ruhiger Mensch war sie. Ganz im Gegensatz zu Grissie. Weiber! Man konnte nicht ohne sie leben und mit ihnen war es oft kein Zuckerschlecken. Er saß im gepflasterten Hof auf einem der harten Küchenstühle und wartete auf Wallace Wood. Den kannte er, seitdem sie zusammen die Schulbank gedrückt hatten. Über zwanzig Jahre hatte Wallace im Ausland gelebt.

»Mal-colm? Bist du da draußen?«

Missie Grissie war aufgewacht, aber noch nicht vollständig angezogen. Sonst würde sie bereits neben ihm stehen.

»Ja-wo-hol«, rief er zurück, ihren Tonfall imitierend, was sie nicht bemerkte.

»Hast du gefrühstückt?«

»Ay!«

»Full Scottish Breakfast??«

»Bin Schotte!«

»Black Pudding auch wieder dabei?«

»Sonst wär's kein Full Breakfast!«

»Arme Arterien! Wann willst du lunchen?«

»Was gibt's denn?«

»Dinkel-Sand-wich-hes und Rot-he-Bet-he-Saft.«

»Uarg!«

»Bitte sehr?«

»Viel, viel später.«

»Nein, ich muss eine genaue Zeit genannt bekommen.«

»Wenn Wallace wieder weg ist.«

»Wallace Wood. Komischer Name.«

»Dum, dadum, dum.«

»Könntest du das wiederholen?«

»Nop! Es war ein Zug, der über die Brücke donnerte.«

»Dauernd dieser Lärm. Umziehen in eine ruhige Wohnung wäre angebracht.«

»Stör mich nicht weiter. Hab' zu tun.«

»In Ordnung, Liebling.«

An das Zusammenleben mit einer Frau musste er sich wieder gewöhnen.

»Ja-ha?«, rief Grissie. Sie wollte auch einen Kosenamen hören.

»Hab' nix gesagt.«

»Schade. Na ja, was nicht ist, kann noch werden.«

»Blablabla«, sagte MacDonald senior leise. Wenn Missie Armour das gehört hätte, wäre sie in Pyjamahose und Polyacrylpullover erschienen. Den wollte sie auch zum Treffen mit seinem Kleinen in Leith tragen. Doch er konnte sie überzeugen, dass Sohnemann Wert auf Kleidung legte. Er drehte sich zum Haus um, griff in seine Tasche und zog die Halbliterflasche Famous Grouse hervor.

»Zeit, das Gefieder zu treffen, Malcolm?« Wallace Wood hätte im Zirkus als Clown auftreten können: rote Nase, weiße Haare und riesige, das Gesicht dominierende Kulleraugen. Ob er immer noch die Angewohnheit hatte, zwischen den Sätzen zu pfeifen?

»Stehst du schon lange da, Walt?«

»Mein Name ist Wallace.«

»Stimmt nicht. Dein Geburtsname ist Walter.«

»Freust du dich auf deine schönen Dinkelsandwiches?«

»Wusste ich doch, dass du gelauscht hast!«

»Ein Laster, das dir gut bekannt ist. WIOWITT.«

Er pfiff also noch. »Was hast du herausgefunden, Wallace?«

»Gibt's kein Begrüßungsküsschen von Missie Grissie?«

»Vergiss es. Wir sind keine Franzosen, sagt sie immer.«

»In dem Fall interessiere ich mich fürs Gefieder.«

»Nur zu.« Malcolm reichte ihm die Flasche. »Falls jemand fragt, ist es ohnehin deine Buddel.«

»Angsthase. Hör zu, deine weißen Engel treffen sich bald im Albert Hotel. Woher wusstest du, dass die mit Angus' neuem Fall zu tun haben? Er hat es dir wohl kaum erzählt.«

»Der kleine Italiener …«

»Zwischen euch beiden stimmt die Chemie jetzt?«

»Nop. Musste mit italienischem Rotwein nachhelfen.«

»Friulanischer Wein?«

»Was ist kaputt?«

»Mister Vitiello kommt aus dem Friaul. In Norditalien.«

»Woher weißt du das?«

»Ich war schon dort.«

»Egal, Wein ist Wein!«

»Sagte der Scotch-Schlucker.«

»Wann versammeln die Rocker sich, Mister Wood?«

»WIOWITT-WITT. Am Freitag.«

»Hallo-ho, Malc. Willst du jetzt lunchen?«, fragte Griselda von drinnen.

Wallace feixte. »Gibt es ein schönes Säftchen dazu?«

»Hör bloß auf! *Ya stupid eejit*!!«

»Verstärkung für den Termin mit den Rockern wirst du nicht brauchen.«

»Wie kommst du darauf?«

»Na, mit deinem Hausdrachen …«

»Wallace, du bist sehr anstrengend. Das heutige Zeitungskreuzworträtsel habe ich gelöst. Was meinst du denn?«

»Zeig den Typen ein Foto von euch beiden und sie denken, du bist mit Nessie verlobt!«

»Verlobung?«, rief Miss Armour.

»Glückwunsch. Hohoho!« Wallace Wood verließ pfeifend den Hof. »Cheerio, zusammen.«

»Über Meer und Land.«

Motto des Clan MacDonald

Malcolm MacDonald schreitet zur Tat

»Mister Reginald …«

»Reginald genügt, Sir.«

MacDonald drehte und wendete sich. Sein Kontingent an Menschen, die er kurz nach dem Kennenlernen mit Vornamen adressieren sollte, war auf Monate erschöpft. Ebenso verhielt es sich mit Spontanbesuchen und bizarren Gefälligkeiten. Mussten denn alle Menschen, die in den Fall verstrickt waren, vorsprechen und seine Arbeit behindern? Keine zehn Minuten zuvor hatte er einen großen Topf mit Marmelade aufgesetzt, als der Butler bei ihm klingelte.

»Wirklich, Mister MacDonald. Sie können mich gerne so adressieren.«

»Herzlichen Dank. Sehr großzügig.«

»Bedeutet das, ich darf Ihnen dienen?«

»Also das ist, äh, bitte?«

»Werden Sie mich als Butler beschäftigten?«

»Leider gibt es ein eklatantes Hindernis.«

»Ich griff Miss Apolonia nicht an!«

»Reginald, Ihr Statement ist unerheblich.«

»Nicht für mich.«

»Der Fall ist noch anhängig, und als Detektiv kann ich solange keine Verdächtigen einstellen.«

»Wenn ich Ihnen schriftlich bestätigen würde …«

»Eher nein.«

»Darf ich sagen, dass eine zeugnislose Kündigung das berufliche Todesurteil bedeutet?«

»So schlimm?«

»Lieber Mister MacDonald, wenn sich der Fall weiterhin aggressiv gestaltet, sind Sie unter Umständen froh über meine Fähigkeiten. Schlagkräftige Fäuste können nützlich werden. Auch im Abtippen handschriftlicher Texte bin ich versiert. Man sagt mir nach, diese rasant zu Papier zu bringen.«

MacDonald kam ins Nachdenken. »Wären Sie eventuell bereit, Rezepte niederzuschreiben?«

»Natürlich, Sir.«

Wie könnte ich dieser Versuchung widerstehen?, dachte der Gourmet. »Sie erwähnten bei unserem ersten Gespräch, dass Einkaufen und Bügeln …«

»Avec plaisir.«

»Haben Sie einen Bezug zu Frankreich?« Wenn jemand die Trikolore aufzog …

»Oui, das kann man so sagen, Monsieur. Meine Mutter war Französin. Jedes Jahr hisse ich an ihrem Geburtstag die Fahne des Landes über dem kleinen Teich.«

»So klärt sich das!« Könnte er doch nur alle Gedanken für sich behalten! »Entschuldigung. Mir ist gerade eingefallen, dass es eine neue Autowerkstatt in der Stadt gibt, spezialisiert auf VW Käfer. So klärt sich mein Reparaturproblem, meinte ich.«

»Gibt es Probleme mit Ihrem Fahrzeug, Sir?«

»Auf gerader Strecke quält es sich dahin, und die Beifahrertür klemmt. Weshalb fragen Sie?«

»In meiner Jugendzeit besaß ich einen Käfer. Alle Reparaturen führte ich selbst aus.«

Müssten nicht deine Alarmglocken läuten, Angus? Immerhin wurde kürzlich an deinem Käferchen manipuliert! Nein, du siehst Gespenster und des Butlers Repertoire an Fähigkeiten war unwiderstehlich. Oft schon hatte er daran gedacht, eine Sekretärin einzustellen. »Reginald, ich mache Ihnen einen Vorschlag. Sie können probeweise bei mir einziehen. Das heißt, Sie bekommen Quartier, bis ich den Fall abgeschlossen habe, arbeiten aber noch nicht für mich. Das ist die einzige Konstruktion, welche ich mir vorstellen kann. In Ihrem Abschlusszeugnis, sofern Sie mich wieder verließen, wäre natürlich die gesamte Zeit aufgelistet. So entsteht im Lebenslauf bei mir keine Lücke.«

Butler Reginald war den Tränen nahe. »Das würden Sie für mich tun? Himmlisch. Wann darf ich einziehen?«

»Ich überlasse es Ihnen.«

»In dem Fall gehe ich kurz nach Hause, um zu packen.«

MacDonald hatte keine Zeit zu antworten. Mister Reginald entschwand schnell und Alberto trat ein. Boulevard-Theater in Dean Village! »Herzlich willkommen, mein Freund.«

Vitiello sah ihn erstaunt und amüsiert an. »Hast du Tag der offenen Tür?«

»Ahaha!«

»Es war nur eine Frage.«

»Mister Reginald wurde entlassen und ich helfe ihm in der Not.«

»Konkret bedeutet das?«

»Er, äh, wird bei mir wohnen.« MacDonald setzte seinen Freund über das Arrangement wie auch sein missratenes Picknick in Kenntnis.

»Du hast also einen Untermieter? Senza problema. In unserem Fall gerät ohnehin alles drunter und drüber. Mir ist deine Vereinbarung mit Reggie sogar recht, denn mein Volvo hat in der letzten Zeit auch einige Macken.«

»Uneigennützigkeit sollte dein zweiter Vorname sein.«

»Sisi, Angus. Ich muss dir etwas beichten. Dein Dad hat mich über die White Demons ausgequetscht.«

»Hier sehe ich kein Problem. Jeder Mensch mit Internetanschluss hätte ihn informieren können.«

»Du verstehst nicht. Er hat mir entlockt, dass die Rocker eine Rolle in unserem aktuellen Fall spielen.«

»Schicksal, habe ich mich verhört? Bitte?«

»No.«

»Wann spracht ihr miteinander?«

»Als du zum Tantalon Castle gefahren bist.«

»Dann trifft er sich vermutlich schon mit den weißen Dämonen!«

»Wallace kommt mit und sorgt für meinen Schutz, Madame Griselda«, erklärte Malcolm.

Miss Armour stemmte die Hände in die Hüften. »Ich wiederhole, dass es mir um etwas anderes geht.«

Schon wieder dieser Polyacrylpullover. Mittlerweile konnte er verstehen, warum Junior das Ding hasste. Zugegeben, Grissie besaß den Fetzen in fünffacher Ausführung. Sowie drei getragen waren, landeten sie im Wäschekorb. Über Müffelgeruch konnte er sich also nicht beschweren. Es war der Anblick, zu Hause, auswärts, beim Frühstück, Mittag- und Abendessen! Malcolm MacDonald, der sich in seinem Leben niemals wegen etwas geziert hatte, geriet in diesen Schlamassel!

»Was schaust du mich so komisch an, Malc? Habe ich Rote-Bete-Flecken auf dem Pullover?«

»Nop! Keine Bete.«

»Hätte mich auch gewundert, denn ich bin ein sehr reinlicher Mensch.«

»Das wissen alle, Grissie.«

»Wer ist alle?«, fragte Miss Armour spitz. »Du und dein Sohn?«

»Lassen wir den Kleinen aus dem Spiel.«

»Er respektiert meine Kleidung nicht.«

»So hat er das nie gesagt.«

»Die Sache ist beschlossen. Ich begleite dich. Wo findet das Treffen statt?«

»Im Albert Hotel.«

»Ein Etablissement mit gerade einmal zehn Zimmern. Ist die Rockerbande so klein?«

»Keine Ahnung.«

»Malc, wir müssen Fortschritte machen mit deinem Ernährungsplan.«

»Hä?«

»Gesunde Lebewesen können klar denken.«

»Ist das aus dem Kamasutra?«

»Bitteschön?«

»Vergiss es.«

»Men sana in corpore sana.«

»Also doch indisch!«

Miss Armours Halsadern schwollen an, was sie erfreut zur Kenntnis nahm. Dank rigorosen Fitnessregimes war jeder einzelne Körpermuskel definiert. »Ich mache mich frisch. Wenn ich aus dem Badezimmer komme, brechen wir auf. Ziehe bloß nicht wieder diese antike Lederjacke an.«

»Sie ist das einzig Passende für das Treffen und überhaupt ...« Zwecklos, Grissie hatte bereits ihren Abgang gehabt.

Etwa dreißig Minuten später verließ sie das Badezimmer. »Malco-holm, wo bist du?« Sie trat vor das Haus. Zum Stuhl, auf dem er so gerne seine Zeit vertrödelte. »Warte nur, das hat ein Nachspiel, Freundchen!«

Apolonia stand vor ihm, ein Gläschen Marmelade in der Hand.

»Heute zieht es alle Spaßvögel zu mir«, antwortete MacDonald, der gerade Alberto verabschiedet hatte.

»Ahaha!«

»Wer hat Witze erzählt?«

»Tschuldigung. Dachte, es war zum Lachen gemeint. Hab' dir Schinkenmarmelade mitgebracht. Interesse?«

»Aber ja«, erwiderte MacDonald.

»Warum steht deine Tür offen? Partytime?«

»Ich wollte mir einen Eindruck von der Wetterlage machen.«

»Hast keine App dafür?«

»Nein«, antwortete er entschieden.

»Warum denn nicht?«

»Mangelndes Interesse.«

»Du bist ulkig, Angus.« Sie stupste Zeige- und Mittelfinger an die Lippen. »Geht's dir wieder schlecht?«

»Etwas wetterfühlig.«

»Ist das 'ne Krankheit?«

»Nicht so wichtig. Darf ich deine Schinkenmarmelade öffnen?«

Sie wies mit beiden Händen auf ihn. »Prego! Sie gehört nur dir alleine, Angus.«

MacDonald ging zügig Richtung Küche, den Wunsch hegend, dass Miss Hope-Weir ihn bald wieder verließ. Jeden Moment konnte Butler Reginald eintreffen und die resultierende Szene würde er gerne vermeiden. Flink zog er die Besteckschublade auf.

»Großes Gerät?«

»Jawohl, zum Probieren grundsätzlich.« Angus tauchte einen Esslöffel in das Gläschen und hielt ihn gegen das Licht. »Farbe dunkelrot. Konsistenz gut. Geruch äußerst interessant.«

»Geschmack auch buono?«

»Moment bitte.« Er führte den Löffel zum Mund, kostete und schüttelte den Kopf.

»Nicht gut?«, fragte Apolonia frustriert.

»Im Gegenteil. Meisterlich!«

»Warum schüttelst du dann den Kopf?«

»Eine Angewohnheit, über welche meine Umwelt regelmäßig bass erstaunt ist.«

»Bass? Was?«

»Im Sinne von sehr erstaunt.«

»Wenn's dir nicht schmeckt, nickst du dann?«

»Nicht zwangsweise. Ich würde zu gerne wissen, was du außer dem Schinken noch verwendest.«

»Sorry, Autorinnengeheimnis.«

»Obst. Auch ein herber Anteil ist zu verbuchen. Flüssigkeit, in der du Schinken und Obst eingekocht hast …«

»Chissà! Wer weiß! Es hat geläutet.«

»Kann ich mir nicht vorstellen.«

RIIING!!

»Post, vermute ich.« Mulmigen Gefühls ging er zum Eingang. »Guten Tag, Mister Ferguson. Wie schön, Sie zu sehen!« Apolonia trat dazu, stand einen Meter hinter ihm.

»Buchpäckchen«, antwortete der Briefträger und legte den Kopf schräg, um am Hausherrn vorbeisehen zu können.

»Wer kann es ihm verübeln?«, sagte MacDonald.

»Prego?«

»Nichts. Wie sagt Alberto immer? Niente.«

»Ich weiß, was nichts auf Italienisch heißt«, meinte Apolonia.

»Ablehnung begegnet einem in Italien selten«, bemerkte Ferguson, »Italiener sind immer so hilfsbereit.«

Angus quittierte eilig die Sendung.

»Mehr habe ich heute leider nicht für Sie, Sir.«

Die Verabschiedung zog sich dahin, denn für gewöhnlich bekam der Mann bei jeder Bücherzustellung Tee und Kekse gereicht. Aber dafür war heute keine Zeit! Er musste auch die junge Frau loswerden. »Hat mich sehr gefreut. Großherzigen Dank und schönen Tag.«

»Gibt's keinen Tee?«

»Besser ein anderes Mal, liebe Apolonia. Cheerio!«

Vom Albert Hotel in North Queensferry bot sich ein spektakulärer Ausblick auf die Eisenbahnbrücke. Noch besser als von seinem Häuschen, musste Malcolm MacDonald neidvoll anerkennen. Wallace Wood saß bereits auf einer der Holzbänke im Freien und pfiff vor sich hin. Hätte er Griselda erzählt, dass er den Mann seit Jahrzehnten nicht gesprochen hatte (wie auch, wenn der Bursche zwischendurch nach Kentucky zog?), wäre sie außer Rand und Band gewesen, und warum sollte man sich das Leben unnötig erschweren?

»Alles klar, Malcolm?« Wallace winkte ihm lässig zu. Seine Nase glänzte wie ein feuerroter Miniballon.

»Jep! Selbst?«

»Logisch. Sagst du den weißen Teufeln wirklich, dass du Mitglied werden willst?«

»Warum denn nicht?«

»Ich und du gehören zur älteren Generation.«

»Rocker bleibt Rocker, und wenn es so wäre, wie du sagst, müssten sie langjährige Mitglieder irgendwann alle in die Rente verabschieden. Mit Urkunde und goldener Uhr im Kästchen!«

»Hast auch wieder Recht, Malc. Draußen oder drinnen?«

»Ist das so eine Frage, auf die man nicht antworten soll?«

»Versteh ich nicht.«

»Raucher wollen im Freien sitzen und du qualmst wie ein Schlot.«

»Schuldig laut Anklage, Herr Staatsanwalt.«

»Hörst du das, Wallace?«

»Nö.«

»Sind deine Batterien wieder am Ende?« Malcolm deutete auf seine Ohren und sprach die Worte stumm: »Höher drehen!«

Wood nickte. »Sag das doch gleich.« Er fummelte an beiden Hörgeräten gleichzeitig. »Vernehme jetzt schwere Motorräder, die in unsere Richtung donnern.«

»Komm, wir setzen uns auf eine Bank.«

»Ob die Männer uns dann finden?«

»Wenn nicht, können sie ja die Pfadfinder anrufen.«

»Gehören die beiden Vereine zusammen?«

»Mister Wood, manchmal weiß ich nicht, was ich mit dir anfangen soll! Nimm Platz und dreh krumme Zigaretten.«

»Sind halt billiger, wenn man sie selbst herstellt. Deinem Herzchen missfällt dieses Treffen so oder so. Spielt keine Rolle, ob du nach Rauch riechst oder nicht.«

»Grissie hat ihre guten Seiten. Schau, die Typen kommen näher.«

Etwa ein Dutzend White Demons rollte langsam auf den Hotelparkplatz zu.

Wallace stand auf. »Es wäre höflicher, wenn wir den Teufeln entgegengehen, oder, Malc?«

»Mach, was du willst. Ich bleib hier sitzen und warte.«

Wallace bewegte die Füße hin und her. »Weiß auch nicht.«

»Du nervst mit deinem Hin und Her.«

»Ich wollte doch nur ...« Als Wallace den Mann sah, verstummte er. Von durchschnittlicher Größe, massiv gebaut, schob er sich halbmeterweise voran. Zum langen, geflochtenen Zopf trug er einen Knebelbart, der auf Bauchhöhe endete.

»Sollten wir besser heimgehen?«, fragte Wallace gedämpft.

MacDonald senior schüttelte unwirsch den Kopf.

»Welcher von euch ist Malc?« Die Stimme des Edinburgher Dämonenführers war unsympathisch, sein Aussehen eher exzentrisch als furchteinflößend. Malcolm hob die Hand. Nicht zu hoch, denn es sollte sich keiner Schwachheiten einbilden und meinen, er habe Angst. »Hier!«

»Jake Halliday.«

»Angenehm, Malcolm MacDonald. Der junge Mann neben mir heißt Wallace Wood. Sie kennen ihn ja vom Telefon.«

»Hab' den Namen noch nie gehört, und weiße Dämonen duzen einander.«

»Soll mir recht sein.« Warum hatte Wood ihn angelogen?

»Was kann ich für dich tun, Malc?«

»Mein Kumpel und ich möchten bei euch eintreten.«

Wallace senkte den Kopf.

»Der da scheint sich nicht sicher zu sein«, sagte Halliday und zeigte auf Wallace Wood, der verlegen pfiff.

»Muss noch überlegen, Sir.«

»Also nur du, Malc? Warum?«

»Hä?«

»So hätte ich das an deiner Stelle auch gesagt. Wieso willst du dich anschließen?«

»Euer Lebensstil sagt mir zu.«

»Bist nicht ein bisschen zu alt dafür?«

»Alter schützt vor Torheit nicht.«

»Das hat mein Daddy auch gesagt, als er sich seine erste Harley kaufte! Okay, Malcolm von North Queensferry. Du wirst aber nicht einfach White Demon, so wie man in den örtlichen Briefmarkenklub eintritt. Wie alt biste?«

»Siebzig und ein bisschen.«

»Frag nur, weil die Aufnahmeprozedur sich eine Weile hinzieht. Um Mitglied zu werden, musste am Ende noch leben.«

»Hab' ich fest vor.«

Halliday krallte die Hände in Malcolms Schultern.

Wallace Wood sah ehrfürchtig zu seinem mutigen Freund.

Der Rocker nickte. »Gehen wir rein und besprechen alles bei einem Bier.«

Von der Straße her hörte MacDonald eigentümliche Geräusche, Männerschreie, Hebebühne. Üüüüiiik!! Es war keine Erleichterung, die fahrbare Rampe auch zu sehen. Der Butler dirigierte Möbelpacker, deren Extremitäten vereinzelt aus dem

Laster ragten. Wie hatte er die Firma in kurzer Zeit aufgetrieben?

»Mister Reginald, was geht hier vor sich?«

»Sie hatten mir angeboten, bei Ihnen einzuziehen. Verstand ich das falsch?«

»Als die Rede vom Packen war, wähnte ich Sie mit zwei, drei Koffern zurückkehren, und es ist keine Stunde her, dass wir miteinander sprachen …«

»Wie stünde die vergangene Zeit in Zusammenhang mit meinen Habseligkeiten?«

»Sämtlicher Inhalt des Fahrzeugs gehört Ihnen?«

Der Butler gab ein gesprochenes Lachen von sich: »Hohoho. Aber nein.«

»Ahahaha« hatte sich irgendwie etabliert! Nun kam noch »hohoho« dazu. Menschen, die zusammenlebten, ahmten einander nach, und es war nachvollziehbar, dass ein Gentleman sich eher maskulines Sprechlachen aneignete.

»Ich darf Sie beruhigen, Sir. Diese Herren befördern heute mehrere Haushalte.«

»Boss!«, rief einer von ihnen aus der Dunkelheit des LKWs. »Wir ham nicht so viel Zeit wie dein dicker Freund.«

MacDonald verschränkte die Arme. Rüpel blieben Rüpel. Sinnlos, sich laut darüber zu echauffieren.

»Die Männer meinen es nicht böse, Sir. Es sind Bekannte von einem Freund.«

»Dennoch, ich kenne Sie kaum, Reginald, und weiß nicht …«

Der Butler reichte ihm einen Briefumschlag.

»Ihre Kündigung? Sie haben noch gar nicht bei mir angefangen.« MacDonald öffnete den Brief und las den Text. »Im Falle, dass Sie Miss Hope-Weir kürzlich zweimal tätlich angegriffen hätten, wollen Sie mir Ihre Whiskysammlung mit seltenen Tropfen aus Schottland und Kentucky vermachen?«

»Jawohl.«

»Sie trinken Alkohol?«

»Wundert Sie das, Sir?«

»Da Sie sich der Fitness verschrieben haben, ein wenig, ja.«

»Beide Dinge können einhergehen. Gerade wer sich sportlich betätigt, darf hin und wieder ein Gläschen Scotch zu sich nehmen.«

»Erklären Sie das bei Gelegenheit Missie Grissie!«

»Gibt es weitere Fragen für mich, Mister MacDonald?«

Reginald schaute so nett, dass es schwer war, ihn als Übeltäter zu verdächtigen. »Gegenwärtig nicht. Ich öffne Ihnen die Haustür, damit diese … Herren Ihr Mobiliar hineinexpedieren können. Was auch immer es sein mag.«

»Dudelsack, Hantelset, Streckbank, Fahnenstange.«

»Vernahm ich Streckbank?«

»Für Dehnübungen, kein Folterinstrument. Hohoho.«

»Trinkst viel Alkohol, Malc?« Halliday hatte Malcolm zum Tresen dirigiert. Die anderen Dämonen saßen an Tischen in der Nähe.

Eine Frage, die Griselda dauernd stellte. »Was ist viel?«

»Jeden Tag!«

»Würde sagen, in dem Fall trinke ich manchmal fast viel.«

»Viele Rumhänger haben falsche Vorstellungen von uns weißen Dämonen. Wir trinken nur während unserer Feste. Ansonsten ist's gutes schottisches Wasser.«

»Bei Festen dann richtig? Wie alte Wikinger, was?«

Halliday schnaubte. »So ähnlich. Klar, was ein Rumhänger ist?«

»Na.«

»In dem Fall musst du fragen. Ist deine Lehrlingszeit. Wirst Dienstmagd aller anderen Mitglieder. Putzt Maschinen, machst Botengänge, solche Dinge.«

»Geht ja noch.«

»Hast was anderes gedacht, ja?«

»Ay, sag's lieber nicht.«

»Dauer von Phase eins: drei Monate. Alle vier Wochen drückst du 100 Pfund ab. Legst dir außerdem 'ne Maschine zu.«

»Motorrad?«

»Sicher keine Waschmaschine, Kumpel. Bestehste, steigste zum Erwartling auf. Haste endgültig Erfolg, kommt noch 'ne Zahlung von 1.500 Pfund dazu.«

Malcolm, der mit seinem Geld sehr übersichtlich umging, war in Schweiß gebadet. »Monatlich?«

»Wir sind nicht die Mafia! Eins haben wir aber gemeinsam mit Italienern. Polizei, Staatsanwaltschaft und das ganze Pipapo sind tabu. Capito?«

»Ay, Jake.«

»Verletzte die Regeln, wirste vorübergehend ausgeschlossen. Kutte, T-Shirts und Rest deiner Ausrüstung, alles wandert zu uns. Und es werden 500 Pfund fällig. Bleibste länger als ein Jahr ausgeschlossen, fliegste automatisch raus. Das Schlimmste ist 'n Griff in die Kasse. Einer, der das macht, verliert alle Rechte. Noch was, denk nicht mal dran, bei uns auszutreten und woanders einzutreten. Dann biste vogelfrei.« Halliday zog den Zeigefinger über die Kehle.

»Verstanden«, antwortete Malcolm und schluckte.

»Interesse?«

»Im Prinzip schon.«

»Okay, dann unterschreibste mir jetzt den Mitgliedervertrag.«

»Sofort und gleich?«

Jake Halliday donnerte die Fäuste auf den Tisch. »Jungs, ist wieder einer drauf reingefallen!« Die Dämonen lachten kehlig und knarzend, wie beim Zotenerzählen an Stammtischen.

»Schöner Witz«, sagte MacDonald senior trocken.

»Finden die Dämonen auch. Noch mal: Wir handeln nicht mit Waschmaschinen. Kannst dir alles noch mal überlegen. Ist eine Entscheidung fürs Leben. Doch heute Nacht um zwölf Uhr müssen wir's wissen.«

»Im Ernst?«

»Nein, du baldiger Rumhänger. Hast sieben Tage Zeit.« Halliday streckte Malcolm eine riesige Armbanduhr entgegen. »In 168 Stunden! Tick-tack!«

»Kann ich noch was fragen?«

»Ja.«

»Kennst du Sophie?«

»Wer soll das sein?«

»Junge Frau, die bei Crazy Jam in der Princess Street arbeitet.«

»Kann kein Mitglied sein. Bei uns sind alle selbständig und Männer.«

»Sie kennt aber einen von euch.«

»So langsam kommt mir 'n hässlicher Verdacht. Biste pseudo-interessiert, Malc?«

»Wer ist was?«

»Dein Eintritt war nur ein Vorwand zum Schnüffeln.«

»Na! So kannste das aber nicht sagen.«

»Willst mich verschaukeln, Opi?«

Hatte Malcolm MacDonald sich etwas in den Kopf gesetzt, war er nicht mehr davon abzubringen. »Sophie Tawse heißt das Mädchen mit vollem Namen.«

»Spielt keine Rolle, Malcolmlein. Die Dämonen gehen jetzt mit dir zur Brücke.«

»Können wir machen. Aber da ihr mich eh ins Wasser werft, kannst du mir auch Fragen beantworten, Jake. Von Mann zu Mann!«

»Was haste auf dem Herzen?«

»Braucht das Mädchen Geld?«

»Habt ihr gehört, Kameraden? Ob die kleine Sophie Mangel hat. Würde mal sagen, das ist so gar nicht der Fall. Bei der Kohle, die ihr Alter bunkert.«

»Miss Tawse hat einen reichen Dad?«

»Ja. Biste bereit für den letzten Auftritt?«

»Hier steckst du ja!« Miss Armour hatte ihren Pullover gestärkt. Mehr denn je glänzte er wie eine Ritterrüstung.

»Kennst du die Alte?«, fragte Halliday lustlos.

»Adressieren Sie mich erneut so, hagelt es Maulschellen, junger Mann. Malc, du hast Dinkel-Sandwiches und Rote-Bete-Saft vergessen. Das Haus zu verlassen, ist keine Entschuldigung für ungesunde Ernährung. Dafür wurde das Lunchpaket erfunden.«

»Wir schlafen niemals.«

Motto des Schotten Allan Pinkerton (1819 – 1894),
der in Chicago, Illinois/USA unter seinem
Namen eine Detektivagentur gründete.

Es ruht der Feinschmecker

»Mister MacDonald zog sich zurück. Ich habe strikte Anweisung, ihn nicht zu stören.« Reginald trug eine phantasievollhistorische Butlerkluft: dunkelgraue Hosen, weißes Hemd und schwarzer Gehrock.

»Wer bist denn du?«, fragte Malcolm.

Auch Miss Armour war erstaunt, diesen Herrn im Haushalt zu erblicken.

»Mein Name ist Reginald.« Das Handbuch für Butler sah nicht vor, Dienstherren und deren Gästen zu widersprechen, und weshalb sollte er sich zu erkennen geben, wenn die Herrschaften es nicht taten? Lag es an seiner Dienstkleidung und dem neuen Ort? Wie auch immer …

»Hörst du, wie schön er reden kann, Grissie? Angus Thinnson MacDonald, den Ersten, bitteschön. ANGUSLEIN!!«

»Sir, ich muss Sie bitten, Ihre Stimme zu bändigen. Herr Sohn wünscht Ruhe.«

Miss Armour schob Malcolm zur Seite: »Als ich noch für Ordnung hier sorgte, wälzte sich der Herr nicht tagsüber in den Federn!«

»Mam, darf ich …«

»Jawohl, Sie dürfen«, unterbrach sie ihn, »ich bin Griselda Armour.«

»Sehr wohl. Ich sagte nicht, dass Mister MacDonald schläft.«

Malcolm schüttelte den Kopf. »Ruhen, schlafen. Alles das Gleiche. Muss ich eben lauter rufen. JUNIOR, JUNIOR, KOMM RAUS, WO IMMER DU BIST!«

»Herrschaften, verlassen Sie bitte augenblicklich das Haus.«

»Na! Wir warten, bis Anguslein runterkommt. Rumpeln! Das wird er sein.«

»Sir, noch einmal …«

»Ist schon gut, Reginald, ich kümmere mich darum«, rief MacDonald vom oberen Stockwerk.

»Lass deinen alten Herrn nicht so lange warten. Wir haben Durst.«

Miss Armour schüttelte den Kopf. »Keinen Alkohol!«

»Dann trinkste eben Wasser, Grissie.«

»Malc, du redest wie dieser schreckliche Rocker!«

»Hab' ihn nur nachgemacht. Kleiner Scherz.«

Angus schritt im Bademantel die Treppe herab, eine Schlafmütze auf dem Kopf. »Danke, Reginald, Sie können sich zurückziehen.«

»Hab' ich mir's gedacht! Am helllichten Tag im Bett gelegen!«

»Du siehst aus wie ein Nachtwächter, Angus. Wer ist der Türsteher?«

»Reginald. Ihr kennt euch bereits! Er sollte noch gar nicht butlern. Aber das ist eine andere Geschichte. Wie kann ich helfen?«

MacDonald senior drückte ihm die Nase mit zwei Fingern zu.

»Autsch! Bist du toll geworden, Dad?«

»Nein, aber du redest wieder so geschwollen. Sophie ist unschuldig.«

»Miss Tawse? Nein, das hast du nicht getan!«

»Hab' ich doch. Gehen wir ins Wohnzimmer?«

»Bitte«, sagte Angus resignierend.

»Sohn, heute erwarte ich einen besonderen Tropfen! Wir haben Grund zum Feiern.«

»Wie wäre es mit Clynelish?«

»Kenn ich nicht. Gut?«

»Sehr gut sogar. Miss Armour?«

Griselda ließ ihren strafenden Blick über seinen Bauch gleiten. »Nein, danke!«

»In dem Fall mach mir eine doppelte Portion, Sohnemann.«

MacDonald füllte zwei Degustiergläschen und rückte dezent den Gürtel seines Bademantels zurecht. »Nehmt bitte Platz.«

»Du glaubst nie, was wir erlebt haben, Anguslein.«

»Wenn Ihr Vater von wir redet, ist das nicht ganz richtig. Man zog mich in die Geschichte fast gewalthaft hinein.«

»Saft und Sandwiches zum Rockertreffen gebracht!«, begehrte Malcolm auf. »Hat mich lächerlich gemacht mit ihrem Gesundheitszeug.«

»Das Leben rettete ich dir. Undankbarer Tropf!«

»Wäre es möglich, die Geschichte von Anfang an zu hören?«, fragte MacDonald.

»Ist nicht viel zu erzählen. Erinnerst dich noch an Wallace?«

Angus schüttelte den Kopf.

»Malc, du hast diesen seltsamen Pfeifer über Jahrzehnte nicht gesehen!«

»Kunststück, wenn Wood nach Amerika zieht!«

»Ich will damit sagen, Menschen verändern sich, und es könnte irgendwer sein. Aber auf mich hörst du ja niemals.«

»Lasst mich bloß in Frieden. Sophies Vater hat jedenfalls genug Zaster, um eine Hochzeit zu finanzieren.«

»Wissen wir, wie der Senior heißt?«

»Shankly. Schon mal gehört?«

»Nein.«

»Ist so ein Aktienspekulant.«

»Wer hat dir das erzählt?«

»Jake Halliday, Anführer der White Demons von Edinburgh. Bevor du gleich wieder kritisierst: Ich habe die Information im Interweb gegengeprüft.«

»Ihr Herr Vater bezieht sich auf das Internet.«

»Danke, Miss Armour. Ich weiß.«

»Sophie Tawses Alter hat Geld wie Heu.«

Angus schüttelte den Kopf. »Wir wissen nicht, ob der Vater diese Hochzeit gutheißt. Vielleicht heiratet das Mädchen heimlich. Oder er finanziert alles und sie bedrängt Miss Hope-Weir dennoch. Unholde haben die unterschiedlichsten Motive. Nicht immer ist es Geld. Da er Shankly heißt, kann er bestenfalls der Stiefvater sein.«

»Aufgemerkt, Malc!«, tadelte Griselda. »Hättest dir alles sparen können!«

»Hinterher ist man sowieso immer schlauer.«

»Wegen deiner reizenden Eskapade haben wir nun die Rockerbande am Hals, Dad.«

»Glaub ich nicht. Halliday liegt im Spital. Das verdanken wir Grissie.«

»Mir ahnte, dass Ihr Herr Vater mich brauchte«, sagte Miss Armour und blickte prophetisch in die Luft.

»Sandwiches und saurer Saft!«

»Dinkelsandwiches und Rote-Bete-Saft. Für die Gesundheit, jawohl.«

»Damen und Herren, es wäre schön, wenn ihr eure Geschichte heute beenden könntet.«

»Pass auf, Kleiner! Halliday und Kollegen wollten mich von der Eisenbahnbrücke werfen …«

»Das ist ja grauenhaft!«

»… weil er roch, dass ich kein weißer Dämon werden möchte. Wir sind gerade am Aufbruch, als Grissie reinplatzt …«

Miss Armour straffte ihren Pullover. »Wie bitte?«

»Ruhe, jetzt rede ich! Sie kommt also in den Pub und schimpft wie ein Rohrspatz, wegen ihrem Gesundheitskram. Dabei hatte ich gar nicht gesagt, wann ich heimkomme.«

»Es war hohe Zeit für deinen Gesundheitsschub, Malcolm. So etwas habe ich im Blick.«

»Halliday, ein harter Brocken, fand das jedenfalls komisch. Er fing zu kichern an und hörte einfach nicht mehr auf. Muss sagen, dass ich so einen heftigen Lachanfall noch nie gesehen habe. Du, Anguslein?«

»Nein, nur darüber gelesen. Es dürfte ein pathologisches Lachen gewesen sein.«

»Mein Sohn, die wandelnde Enzyklopädie. Kein schöner Anblick. Oder, Grissie?«

»Ekelerregend, abstoßend und widerwärtig!«

»Wenn wir lachen, holen wir Luft«, erklärte Angus. »Frequenz der Atmung und auch unsere Mimik verändern sich etwas. Beim pathologischen Lachen aber lacht der Betroffene mit immenser Kraft, für die Umwelt befremdlich und anstrengend.«

»Wir haben gedacht, dieser Halliday dreht völlig durch.«

»Der körperliche Teil des Lachens wird von gewissen Hirnregionen gesteuert. Beim pathologischen Lachen liegt eine Störung vor, verursacht etwa durch Schlaganfall.«

»Vielen Dank, Herr Professor. Hab' jedenfalls nie gesehen, wie sich jemand in den Notarztwagen lacht. Was können wir noch tun, Junior?«

»Das genügt für den Anfang. Herzlichen Dank!«

MacDonald stand an der Kasse des Cameo, einem seiner liebsten Orte in Edinburgh. Kurzweile hatte er sich nach all dem Trubel verdient. Es lief die »Slow Food Story«. Der Film aus dem Jahr 2013 wurde wiederaufgeführt. Er kaufte sich eine Eintrittskarte und ging nach oben. Das Cameo war ein Lichtspieltheater alten Stils, mit bequemen, roten Plüschsitzen und dickem, schwerem Vorhang, der zur Seite gezogen wurde. Kein Saal, in dem tosend und brausend der dritte Weltkrieg simuliert wurde. Der Film behandelte die Geschichte von *Slow Food*, des legendären Vereins, den Carlo Petrini 1986 ins Leben gerufen hatte. In Anlehnung daran gründete MacDonald vor einigen Jahren Full Food. Die Mitglieder warben für eine Küche ohne Wenn und Aber, mit reichlich Sahne und Butter, und wer sich in herausragender Manier für authentisches Essen und Trinken einsetzte, erhielt eine goldene Bratpfanne. Er besaß bereits sechs dieser schmucken Exemplare, zum Ingrimm von Alberto, der sich als Italiener ein angeborenes kulinarisches Recht darauf zuschrieb. Beitreten würde er Full Food niemals, kündigte vielmehr an, sich selbst so eine Pfanne zu schenken. Bisher hatte Signor Vitiello das noch nicht in die Tat umgesetzt, aber angesichts seiner beachtlichen Kollektion (55 Pfannen in allen erdenklichen Größen und Materialien, die außer dem Hausherrn niemand benutzen durfte!) war es nur eine Frage der Zeit. Alberto dachte auch, dass eher ein gelernter Koch wie er kulinarische Bücher publizieren sollte. Als Grund für Schreibabstinenz führte er die Geschichte vom eigenen Manuskript an, das gestohlen und unter anderem Namen veröffentlicht wurde. Angus schenkte ihm regelmäßig ein Exemplar seines neuesten Buches, woraufhin jener es eilig auspackte, formal belobigte und auf dem Küchentisch mit dem Geschenkpapier bedeckte. Aus den Augen, aus dem Sinn, sagte man. Nicht eine Frage zum Buch. Was aber immer noch angenehmer war als die Kuriositäten, die Halb- bis Wildfremde wissen wollten: »Woher nehmen Sie all die Ideen?« »Haben Sie die Rezepte ausprobiert?« und »Wie, die sind alle von Ihnen?« MacDonald ließ sich im hinteren Teil des Kinosaals nieder. Ein Seufzer des Erleichterns beim Hinsetzen war ihm zur Gewohnheit geworden. Kandelaber mit elektrischen Birnchen spendeten angenehmes Licht. Fünf, sechs Reihen vor ihm saß eine junge Dame, die ihm bekannt vorkam … Mrs Hope-Weir! Es war nicht seine Art, Menschen im Kino zu stören, und so würde er sie hinterher ansprechen. Der Film war ebenso kurzweilig wie informativ, und es kam dann so, wie er es sich hätte denken können. Zum Ende sprangen alle jungen Leute von ihren Sitzen auf und rannten zum Ausgang, auch die vermeintliche Apolonia. Schön, dann würde er heute nicht den Abspann lesen und stattdessen die Verfolgung aufnehmen! Dieses Tempo! Wie sollte ein Gentleman, der nicht die seltsamen Körperertüchtigungshallen besuchte, mithalten können? Er musste sich bemerkbar machen! »Hallo. Miss Apolonia. So warten Sie doch.« Sie drehte sich blitzschnell um, erkannte ihn und eilte weiter. Ungehörig und schon zum zweiten Mal! Dieser Fall! Man hatte gute Lust, dem Detektivgewerbe adieu zu sagen.

Angus war zu seinem Freund gefahren, die neuesten Vorfälle zu berichten. »Wenn es Apolonia nicht war, hat sie eine Zwillingsschwester.«

»Du hast sie im Cameo gesehen?«, fragte Alberto sachlich.

»Jawohl, Signor Vitiello!«

»Was denn? Ich wollte mich nur vergewissern, dass ich richtig verstanden habe.«

»Gibt es einen Zwilling?«

»Weiß ich nicht!«

»Soweit ich mich erinnere, kennst du die Mutter …«

»Sie weiß nichts.«

»Dann betrachte die Frage bitte als ungestellt.«

»Buono. Was machen wir heute?«

»Besuch der Verlegerin Howatson.«

»Ho… was?«

»Alberto, zum dritten Mal fragst du mich nach ihrem Namen.«

»Ist aber auch zu schräg!«

»Keine Sorge, du bist und bleibst unser Doktor Watson, und wir werden dich nicht umtaufen.«

»Ahaha! Sehr komisch.«

»Keine schlechte Idee, darauf hinzuweisen, dass man etwas amüsant findet. Dann versteht jeder, was mit ahaha gemeint ist. Mrs Howatson bat mich fernmündlich, im Verlag vorbeizukommen. Das trifft sich gut, denn ich wollte ohnehin mit ihr reden.«

»Wo ist der Verlag?«

»Pegasus.«

»Prego?«

»So lautet der Name des Wohnmobils. Die Verlegerin arbeitet in einem fahrbaren Büro.«

»Glaub ich nicht.«

»Ich hatte ebenfalls Zweifel. Doch ihr Verlagshaus befindet sich noch im Aufbau.«

»Hast du so etwas schon mal gehört?«

»Nein, niemals. Wir können Mrs Howatson ja dazu befragen.«

»Buona idea! Gute Idee! Wo steht ihr Fahrzeug denn?«

»In der Nähe des Zoos.«

»Wieso das?«

»Sie mag Sweetie und Sunshine.«

»Unsere Pandabären?«

»Darf ich dich daran erinnern, dass die beiden lediglich Leihgaben aus China sind?«

Alberto bestand darauf, mit seinem Volvo zu fahren anstatt den Bus zu nehmen.

»Schätze, dass nicht viele Wohnmobile hier parken. Wo selbst für einen PKW kaum Platz ist.«

»Okay, Commendatore! Hast wieder mal Recht. Weißt du was, ich klopfe bei diesem hier an und wenn Mrs Howatson die Luke nicht öffnet, arbeite ich mich im Viertel an den anderen Wohnmobilen voran.«

»Ich parke den Wagen. Arrivederci, Amico!« Vitiello gab Gas, fuhr mit durchdrehenden Reifen los. Was jemanden veranlasste, neugierig den Vorhang an einem Seitenfenster des Wohnmobils zurückzuziehen. Die Tür wurde geöffnet und heraus trat ein schlanker und grimmig blickender Mensch. »Mister MacDonald!«

»Er steht vor Ihnen, Sir.«

»Keith Howatson! Wie kann ich dienen?!«

»Freut mich«, antwortete der Gourmet nüchtern. Er nahm keine königliche Audienz wahr, sondern wollte Rona Howatson sprechen. In beiden Fällen sah das Protokoll vor, dass man nicht aus drei Metern Entfernung angebrüllt wurde!

»Pardon. Ich habe da drinnen meine Manieren vergessen«, sagte Mister Howatson und streckte die Hand aus. »Meine Frau erwartet Sie bereits.«

»Bin ich zu spät?«

»Nein, sie ist nur hin und wieder etwas ungeduldig.«

»Ein schönes Heim haben Sie.«

»Nicht wahr? Darf ich vorangehen?«

»Bitte, ja.«

Keith Howatson stieg nach oben und MacDonald folgte. Keine Bleibe für Menschen, die Komfort gewohnt waren. Das Wichtigste war vorhanden: Couchgarnitur, zwei Sessel, Badezimmer und Küche. Doch gingen die Hersteller davon aus, dass die Bewohner eine gewisse Körpergröße nicht überschritten. Mrs Howatson saß mit dem Rücken zu ihnen an einem Puppenschreibtisch. Heute wurde ihr Dutt von verdrahteten Kugeln, blau, weiß und rot, zusammengehalten. War es Weihnachtsschmuck? Sie steckte in einem bodenlangen, nordafrikanisch anmutenden Kaftan.

»Meine Frau arbeitet noch! Wir dürfen nicht im Weg sein.«

»Sie veralbern mich?«

»Etwas Geduld«, wisperte Howatson, »ihr Köpfchen ist fast aufgerichtet. Das bedeutet, wir lektorierten ein Manuskript fast zu Ende.«

Jäh warf Mrs Howatson ihren Kugelschreiber auf das Tischchen. »Unser Mister MacDonald. Wie schön, Sie zu sehen, mein Lieber.«

»Ganz meinerseits, Mrs Howatson. Interessantes Manuskript?«

Ihr Gesicht versteinerte sich. »Medium, würde ich sagen!«

»Tut mir leid.«

»Nicht Ihre Schuld. Was kann ich für Sie tun?«

»Ronachen, du hast doch Mister MacDonald eingeladen.«

Mrs Howatson stierte ihren Mann an, berührte mit zwei Fingern die Weihnachtskugeln und schien von ihnen mehr überzeugt zu sein als vom Gatten. »Sie sind blass, Mister MacDonald. Möchten Sie etwas Wasser?«

»Danke, nein. Alles in Ordnung. Schöner Kopfschmuck.«

Mrs Howatson errötete. »Oh, vielen Dank. Er stammt aus Frankreich.«

»Deuten die Farben der Kugeln auf die Trikolore hin?«

»Fragten Sie mich das nicht bereits?« Mrs Howatson tätschelte die Kugeln wieder.

»Nein, bei unserer letzten Begegnung huldigten Sie dem Andreaskreuz.«

»Wem, bitte?«

Es war schwer vorstellbar, dass sie die schottische Flagge unter diesem Namen nicht kannte. »Sie wollten etwas mit mir besprechen?«

»Ja! Wie lief das Gespräch mit Apolinchen?«, fragte sie brüsk.

»Ich weiß leider nicht, wen Sie meinen.«

»Apolonia.«

»Miss Hope-Weir versicherte mir, im Zeitplan zu liegen. Mir sind nun die Hände gebunden und ich darf Sie bitten, sich der Sache selbst anzunehmen.«

Rona Howatson zischte durch geschlossene Zähne. »So ähnlich hat sie mir das auch erzählt.«

War es sinnvoll, ihn dann um Vermittlung zu bitten?

»Mister MacDonald, ich habe eine wichtige Frage. Sind Sie mit Ihrem Verleger zufrieden?«

Auch das war verhandelt worden. »Ja, Mrs Howatson.«

»Sind Sie sicher? Unsere Konditionen sind vielleicht besser.«

MacDonald nickte und sah ihr fest in die Augen. »Geld ist nicht alles, Mrs Howatson.«

»Ihr Marmeladenbuch würden wir imposant gestalten und bewerben.«

»Woher wissen Sie, dass ich …?« Wenn es eine Trickfrage war, hatte er sich bereits verplappert.

»Ihr Verleger …«

Ausgeschlossen, der Mann war in jedweder Beziehung verlässlich. »Auch ich würde gerne etwas von Ihnen wissen. Kennen Sie Miss Sophie Tawse?«

»Puh, lassen Sie mich nachdenken. Ist das nicht eine von Apolinchens Angestellten?«

»So ist es. Stammt die Dame aus begütertem Elternhaus?«

»Gewiss, der Vater ist reich. Aktienspekulant.«

»Verfügen Sie über Miss Tawses Adresse?«

»Vielleicht fragen Sie besser ihre Chefin.«

»Ich kann es versuchen. Das junge Fräulein nimmt die Angriffe allerdings auf die leichte Schulter.«

»Okay, Sie bekommen die Information von uns, Mister MacDonald.«

»Danke, sehr nett.«

»Keine Ursache. Wir möchten, dass es unserem Apolinchen gut geht. Nicht wahr, Keith?«

Ihr Mann verschränkte die Hände hinter dem Rücken. »Haben wir geendet?«

Rona Howatson nickte so heftig mit dem Kopf, dass ihre Weihnachtskugeln fast die besinnliche Jahreszeit anstimmten.

Der Herr des Wohnwagens klatschte in die Hände. »So! Ronachen muss weiterlektorieren. Sie hat noch vier Manuskripte vor sich.«

»Ist das nicht zu viel für einen Tag?«

»Sie sagen es!«

»Verehrte Howatsons, für diese Audienz allerseligen Dank.« Die beiden sahen ihn verwundert an.

Der Mobilheimhüter erlangte zuerst die Contenance. »Auch Ihnen danke und sehr schönen Tag.«

Rona Howatson sagte nichts, winkte MacDonald zum Abschied knapp zu und widmete sich wieder ihren Manuskripten. Das energische Pochen an der Tür überraschte alle drei.

»Wer ist das?«, wollte Keith Howatson wissen. »Raus mit der Sprache!«

»Darf ich Sie bitten, Ihre Ausdrucksweise zu kalibrieren!«

Howatson öffnete die Tür. »Wir kaufen nichts!«

»Buon giorno auch Ihnen, junger Mann.«

»Hausierer, hä?«

»Höchstens ein Wohnwagenierer.«

»Verstehe überhaupt nichts mehr.«

»Als ob mich das wundert!«, meinte Vitiello im gleichen giftigen Ton.

»Mein Co-Detektiv Alberto Vitiello«, erklärte Angus.

»Sind Sie sicher?«

»Möchte nur Signor Angus abholen«, erklärte der Italiener.

»Ordnung! Meine Frau lektoriert! Das ist kein Kaninchenstall!«

»Sie meinen sicher Taubenschlag, der Herr«, sagte MacDonald.

»Es gibt nur zwei Klassen, die unverfälschte und die hochstaplerische.«

Zitiert nach: Alanna Knight. »Some notes on Robert Bontine Cunninghame Graham«, in: »Beattock for Moffat and the Best of R B Cunninghame Graham« (1979)

Vor- und Nachteile von Dienstpersonal

»Warum sind die anderen nicht hier?!« Ob Sophie Tawses niedlichem Aussehen erwartete Mann wie Frau moderate Äußerungen. Sie saß mit Anne Redpath, Apolonia Hope-Weir, der Reinigungskraft und einem Lagerarbeiter im Princess-Street-Shop. Für heute war geschlossen und das Schild »we are closed« hing an der Eingangstür. Apolonia fand die Frage nicht gut. »Das haben wir diskutiert. Besser, ich spreche mit den Leuten der anderen Shops extra. Manche Menschen sind von Natur aus zurückhaltend.«

»Aber …«

»Nein! Wir haben wichtige Dinge zu diskutieren.« Für jemanden, der bald heiratete, war die Kleine ganz schön launisch! »Es geht um diese schottische Unabhängigkeit.«

»Eher darum, sie zu verhindern«, ergänzte Anne Redpath.

»Danke, Anne.« Sie war auch nicht besser, ständig scheinheilige Ergänzungen und Korrekturen. Streberin! »Was haltet ihr von meiner Idee?«

Die Putzfrau schnipste mit dem Zeigefinger.

»Hier muss sich niemand melden wie in der Schule. Raus damit!«

»Ich bin Schottin und stolz …«

»Wow, wow, wow! Keine aggressiven Nationalismusbezeugungen in meinem Laden.«

»Entschuldigung, kann hier nicht jeder sagen, was er möchte?«, klagte Anne Redpath.

»Nur sofern es keine rechten Parolen sind!«

»Sie soll einfach mal weitersprechen.«

»Niemand hat was dagegen«, antwortete Apolonia zornig.

»Geht's auch ein bisschen freundlicher?«, flüsterte Sophie.

Miss Hope-Weir beugte sich soweit vor, dass sie fast das Gleichgewicht verlor. »Was war das?«

Die Reinigungskraft fasste sich verlegen an die Nase. »Ist nicht so bedeutend.«

»Doch, wir sind alle gespannt. Los geht's.«

»Viele Menschen in Schottland wollen den Union Jack nicht.«

»Jaja, und die ›Sun‹ ist eine beliebte Tageszeitung! Was schlägst du vor, auf die Etiketten zu drucken?«

»Von solchen Sachen habe ich wenig Ahnung.«

»Menschen wie dich gibt es in Edinburgh viele. Einer hat bis vor kurzem noch für mich gearbeitet.«

»Miss Apolonia, so war es nicht gemeint. Sie wissen alles viel besser.«

»Apolonia, und du!«

Die Frau zitterte. Es war schwierig, einen festen Job zu finden und sie wollte ihren auf keinen Fall verlieren.

»Ihr sollt mich duzen und mit dem Vornamen anreden! Das ist keine steife Vorstandssitzung.«

Anne Redpath legte der Frau beruhigend die Hand auf die Schulter. »Wie wäre es mit kurzer Botschaft? Wir schreiben Britain darauf, ohne Flagge.«

»Achmed, was hältst du davon?«, bellte Apolonia den Lagerarbeiter an. Er kam ursprünglich aus Syrien und hatte im Krieg schreckliche Dinge erlebt. Noch kämpfte er ein wenig mit der englischen Sprache.

»Gut, gut.«

»Können wir präzisieren?«

»Weiß nicht.«

»Aufkleber werden nicht genügen, um die schottische Unabhängigkeit vom Tisch zu fegen«, wandte Sophie Tawse ein, weil ihr Achmed leidtat.

»Hat niemand behauptet! Oder habe ich das etwa gesagt? Wir machen schließlich auch noch Veranstaltungen zum Thema.«

»In der letzten Zeit ist Großbritannien das Einzige, worüber wir sprechen«, stellte Anne Redpath fest. »Fast obsessiv.«

Apolonia faltete die Hände zur Raute, eine Geste, die sie bei der deutschen Staatschefin gesehen hatte. »Obsession kommt viel besser, als sich über nichts Urteile zu bilden.«

»Schön. Aber was ist mit Regenwald, Walen und Gentechnik?«
»Alles zu seiner Zeit.«
»Soll die Marmelade auch blau-weiß-rot sein?«
»Was?«
»Blaubeermarmelade in hellweißem Glas mit rotem Deckel?«, schlug Sophie Tawse vor, ohne es ernst zu meinen.
»Sehr gut! Genau die Art von Denken, die wir brauchen.«

Die beiden Freunde saßen in Albertos Volvo. »Hast du gesehen, wie der Kerl Luft geholt hat, Angus? Er wollte andeuten, dass Italiener streng riechen. Rassist! Das muss ich über dieses Land sagen, ihr seid viel zu national eingestellt.«
»Alberto, reg dich nicht auf. Du wohnst seit Jahren hier und bist natürlich Schotte.«
»Vergiss nicht, dass ich immer noch meinen italienischen Pass besitze.«
»Das kann Howatson aber kaum wissen, oder?«
»Ein arroganter Kerl ist das!«
»Falls wir wieder mit ihm reden müssen, übernehme ich das.«
»Hast du den riesigen Schottland-Aufkleber gesehen?«, fragte Alberto.
»Nein, wo denn?«
»Rückseite des Fahrzeugs.«
»Es wundert mich weniger als die Tatsache, dass Mrs Howatson von meinem Marmeladenbuch wusste. Du hast nicht etwa …?«
»Angus Thinnson MacDonald, in tausend Jahren würde ich so etwas nicht tun! Mrs Howatson hat vermutlich geraten, weil du bei ihrem Besuch Marmelade eingekocht hast.«
»Erstaunlich auch, dass sie erwägt, zwei Bücher über das Thema zu publizieren.«
»Vielleicht weil Apolonia nie fertig wird.«
»Mir ist nicht einsichtig, warum ihr beide so wenig Vertrauen habt. Autoren arbeiten in ihrem eigenen Duktus.«
»Ho capito. Die sensiblen Künstler sind anders gestrickt als gewöhnliche Erdenbürger.«

»So habe ich das nicht gemeint. Aber man sitzt eineinhalb bis zwei Jahre an einem Buch. Jedenfalls geht es mir so, und wenn ich höre, sie hat noch sieben Monate Zeit, wo ist dann das Problem?«

»Non so! Weiß ich nicht! Dein Cellulare brummt.«

»Was ist das?«

»Telefonino.«

»Manchmal wünschte ich, du würdest mobiles Telefon sagen.« Angus hob sein Handy ans Ohr. »Angus MacDonald hier. Ah, Sie sind es, Mrs Howatson. Versprechen bleibt Versprechen, sagen Sie? Die Adressen von Sophie Tawse und Anne Redpath? Hat Ihnen Apolonia beide mitgeteilt? Nein, relevant ist es nicht. Herzlichen Dank für den prompten Rückruf, Mrs Howatson. Auf Wiederhören.«

»Hat sie geliefert?«, fragte Vitiello.

»Geliefert? Befinden wir uns in New Yorks Little Italy?«

»Excusa. Maria schaut ständig diese Filme.«

»Las sie nicht lieber Kriminalromane?«

»Sisi, und jetzt kommen noch Gangsterstreifen dazu. In der Nacht finde ich kaum Schlaf.«

»Hat Maria Alpträume von den vielen Verbrechen?«

»Ma no! Aber nein! Meine Befürchtung ist, dass sie sich ein Beispiel daran nimmt.«

»Wie etwa den Gatten attackiert?«

»Junggeselle Angus hat gut reden. Apropos, wie geht es deiner Dr. Karen?«

»Mir liegen keine Informationen vor.«

»Amtlicher hättest du es nicht formulieren können.«

»Liegt es im Rahmen des Möglichen, weiter über unseren Fall zu sprechen?«

»Sisi. Es liegt möglich.«

»Da wir die Adresse von Anne Redpath nun auch kennen, sollten wir sie observieren.«

In Angus' Schlafzimmer roch es angenehm, nicht zu aufdringlich, nach Lavendel. Als er den Kleiderschrank öffnete, intensivierte der Duft sich. Zwei seiner Harris-Tweed-Jacketts waren in Folie gekleidet. Er konnte sich nicht erinnern, sie in die Reinigung gegeben zu haben. Auch alle Hemden waren eingeschweißt. Zauberte eine gute Fee?

»Tok, tok, ist da jemand?«, fragte Reginald durch die geschlossene Tür.

»Herein, bitte.«

Der Butler öffnete mit der linken Hand die Tür. Auf der rechten ruhte ein Stapel Hemden, eingeschweißt. »Dachte ich doch, Sie bei Ihrer Rückkehr gehört zu haben, Sir. Störe ich?«

»Im Gegentum, Sie kommen wie gerufen.«

»Das freut mich. Wenn Sie gestatten, verwahre ich noch diese Hemden in der Kommode.«

»Wie haben Sie alles so schnell vollbracht?«

»Sir, ich fürchte nicht zu verstehen.«

»Heute Morgen waren weder Hemden noch Jacketts eingeschweißt, und selbst die schnellste Express-Reinigung kann nicht zaubern.«

»So etwas mache ich selbst, Sir.«

»Zwar brachten Sie zahlreiche Gerätschaften mit. Doch vermutete ich nicht, dass eine kommerzielle Reinigung dazugehört.«

»Hemden und Jacketts, die ich einschweißte, waren in tadellosem Zustand.«

»Sie haben alles konserviert. Einzigartig, Reginald!«

»Vielen Dank, Mister MacDonald. Freut mich, dass meine Methode Ihren Zuspruch findet.«

Der Gourmet blickte ihn betreten an.

»Habe ich etwas Falsches gesagt, Sir?«

»Sie erinnern sich, dass wir über Ihre Tätigkeit sprachen?«

»Ja, Sir.«

»Ausgemacht war, dass Sie hier wohnen, aber solange Mister Vitiello und ich den Fall aufklären, noch nicht wirken.«

»Tut mir unendlich leid, Sir. Macht der Routine ist verantwortlich.«

»Schätze, bei Miss Apolonia hatten Sie wenig einzuschweißen?«

Reginald lächelte kaum merklich. »Die Privatsphäre meiner Dienstherren ist mir heilig, Sir. Dürfte ich einen Vorschlag zur Güte machen?«

»Gerne, ja.«

»Könnten wir das nicht als freizeitliche Tätigkeit verstehen?«

»Sie meinen, Ihr Hobby ist es, Hemden und Jacketts einzuschweißen?« MacDonald betrachtete den Hemdenstapel. Wie sollte man bei diesem Anblick streng bleiben? »Also, gut. Einverstanden.«

»Noch eine Sache, Sir …«

»Bitte?«

»Beginnt ihr Full Scottish Breakfast mit Porridge? Auch Orangensaft, schwarzer Tee und Toast, wie ich annehmen darf?«

MacDonald kontrollierte auf seinem Weckerchen die Uhrzeit. Endlich hatte er Ex-Mitbewohnerin Miss Armour mit ihren Brunftschreien bei der Morgengymnastik vergessen können, und nun das. Für Dudelsäcke war es kategorisch zu früh! Er schüttelte den Kopf und drehte sich zur anderen Seite. »Amaha-zing Grace!« Kein leichtes Unterfangen, begleitend zu singen, denn diese Instrumente erzeugten respektable Dezibelzahlen. Frage: Wie konnte jemand in den Dudelsack blasen und gleichzeitig singen? Schlaftrunken torkelte er zum Fenster und schob es nach oben. Reginald stand mitten im Garten, das Instrument bedienend. Woher kam der Gesang? »Ama-hazing Gra-a-ce-ce!!!« So war das also, ein Nachbar, nicht sichtbar, gab negativen Kommentar ab. Reginald, hoch konzentriert, bemerkte ihn nicht. Wieder trug er den Stewart-Kilt. Warum hast du nicht bereits vorher detektivische Schlüsse gezogen, Angus? Mitglied des Clans Stewart, Familie der Thronanwärter, schottische Unabhängigkeit … war die Verbindung zu deutlich gewesen? Die Musik verebbte wie ein klagendes Tier. Reginald sah zu ihm hoch. »Oh, Sir, hoffentlich habe ich Sie nicht geweckt?«

»Nein, spielen Sie ruhig weiter, Reginald.« Der Butler faltete seinen Dudelsack zusammen und eilte ins Haus. MacDonald legte seinen Pyjama ab (selbst seine Nachtbekleidung wurde eingeschweißt! Happy Days!), duschte, und ging in die Küche, wo ihn vertrauter Geruch erwartete. Porridge, mit Milch gekocht! Auf dem Tisch stand ein großer Teller nebst Abdeckglocke. Reginald drehte sich halb zu ihm. »Noch einmal schönen guten Morgen, Sir. Zunächst etwas heißen Haferbrei. Als Hauptgang dann Ihr Full Scottish Breakfast.« Er lüftete die Glocke: Schinken, Spiegeleier, Würstchen, Black Pudding, Pilze, Tomate, Hash Browns, Bohnen in Tomatensoße und sogar White Pudding.

»Good Lord!«, entwich es dem Feinschmecker.

»Nicht gut?«

»Doch, das Frühstück sieht bezaubernd aus.« Alle Willensstärke war dahin.

»Nehmen Sie bitte Platz, Sir.«

Auf dem Tisch stand auch seine größte Teekanne, mit dem Stövchen.

»Sagt Ihnen Assam zu?«

MacDonald nickte heiter.

»Dieser Tee kann ein herzhaftes Frühstück perfekt ausbalancieren, wie ich meine.«

»Keine Frage. Reginald, über Ihr bislang freizeitliches Wirken dachte ich nach und kam zum Schluss, dass ich Ihnen schon jetzt ein Salär zukommen lassen möchte.«

»Das muss nicht sein, Sir.«

»Ich bestehe darauf.«

»Gut, da Ihnen soviel daran liegt, werde ich mich nicht verweigern.« Er goss MacDonald in steiler Kurve Tee ein. »So beobachtete ich es in Marokko.«

»Damit der Tee schneller erkaltet?«

»Ja, und zur besseren Atmung, denke ich.«

MacDonald strich sich mit dem Zeigefinger übers Kinn. »Wie Wein in einer Karaffe?«

»Sie treffen den Nagel auf den Kopf, Sir.«

»Unternahmen Sie schon viele Fernreisen, Reginald?«

»Es hält sich in Grenzen.«

»Rona Howatson kennen Sie?«

»Miss Apolonias Verlegerin? Sie hat die junge Dame besucht.«

»Wissen Sie noch, wie oft?«

»Auch hier stoßen wir leider Gottes wieder an die Grenzen dessen, was ich über ehemalige Dienstherren verlautbaren kann.«

»Ich will ganz offen mit Ihnen sein, Reginald. Um den Fall zu lösen, muss ich mir ein Bild sämtlicher Verdächtigen machen.«

»Mrs Howatson ist nicht diejenige, die Miss Apolonia niederknüppelte. Ich darf sagen, dass sie nur das Beste beabsichtigt, sich sehr um das Wohlergehen ihrer Autoren kümmert.«

Den Vormittag über wollte MacDonald in seiner Versuchsküche verweilen. Aber wie war das Reginald, der ein grandioses Frühstück serviert hatte, zu vermitteln? Der Butler nahm ihm die unangenehme Situation ab, begab sich nach dem Geschirrspülen stillschweigend in sein Zimmer. Es sollte mehr Zeitgenossen wie ihn geben, räsonierte der Gourmet, als jemand grob an der Tür schellte. Sein Freund und Co-Detektiv Alberto! »Immer noch ein strammer Klingler«, stellte Angus fest.

»Sisi, grazie. Amico. Wir müssen dringend reden!«

»Wann wäre es mal nicht eilig gewesen?«

»Esatto!«

»Gehen wir in die Küche.«

»Falls Richard für diese Mrs Hosherlock spioniert …«

»Du beziehst dich auf Reginald und Mrs Howatson?«

»Warum hast du dir bloß wieder einen Untermieter genommen?«

»Vermutlich hätte ich heute Morgen Kaffee anstatt Tee zu mir nehmen sollen. Noch kann ich geistig nicht folgen.«

»Griselda Armour!«

»Weder sie noch Reginald würde ich als Untermieter bezeichnen.«

»Tatsachen bleiben Tatsachen!«

»Drosselst du bitte die Lautstärke? Reginald sollte unsere Konversation nicht mitbekommen.«

»Certo, wir wollen das sensible Seelchen nicht schädigen.«

»Kann es sein, dass du ein bisschen neidisch bist?«

»Ahaha! Gäste habe ich ständig.«

»Doch keinen Butler, oder?«

»Nur Snobs halten sich Bedienstete!«

»Wie würdest du das Mädchen bezeichnen, das euch beim Reinigen der Zimmer hilft?«

»Uno momento! Sie beschäftigen wir nur bei vollem Haus, wenn Professor Schnell-Zimmer[5] es alleine nicht schafft! Deine Marmeladenrezepte können in den falschen Händen landen! Hast du daran gedacht? Jammere mir später nicht vor.«

»Alberto, was willst du mit mir besprechen? Offensichtlich reden wir um den heißen Brei herum.«

»Mir ist eingefallen, wie wir weiterkommen.«

»Ja?«

»Ich werde mit Mrs Hope-Weir sprechen.«

»Du meinst Apolonia?«

»No, ihre Mutter.«

»Du hast doch gesagt, dass nichts dabei herauskäme?«

»Habe meine Meinung geändert. Elena Hope-Weir und ich kennen uns schon sehr lange …«

»Alberto, ich will nicht drängen, aber neue Marmeladen warten. Warum erzählst du mir nicht nach Journalistenart das Wichtigste zuerst?«

»Sisi. Wir hatten ein Verhältnis.«

»Darf ich fragen wann?«

»Bevor ich Maria kennenlernte!«

»So wie die Dinge stehen, hat deine Frau keinen Grund, eifersüchtig zu sein.«

»Mister MacDonald, du weißt nicht, wie italienische Frauen ticken!«

---

5 So bezeichnet Alberto seine flinke Frau. Er selbst ist Doktor Spiegel-Ei. Der Inflation von Titeln noch für kleinste, berufliche Tätigkeiten überdrüssig, kreierte er seine eigenen.

»Das mag sein. In welche Richtung werden deine Fragen gehen?«

»Familie im Allgemeinen.«

»Verdammter Mist noch mal! Wir gehen nicht unter den üblichen Preis. Sag den Typen, es gibt keine Diskussion.«

Sophie Tawse trat mit einem Tablett ins Zimmer und sah sich um. Auf Anhieb hätte man kaum geglaubt, dass Jake in einer hypermodernen Villa mit unheimlich viel Glas lebte. Eher passte das zu einem Börsenmakler.

»Hat lange genug gedauert! Was grinste so blöd?« Halliday zog die Bettdecke von seinem eingegipsten Bein und hob die Wärmeglocke vom Teller. »Willste mich umbringen, oder was?«

»Dinkel-Sandwiches und Rote-Bete-Saft sollen extrem gesund sein, hab' ich gehört.«

»Hör bloß auf! Wegen dem Schrott habe ich mir's Bein gebrochen.«

»Eher weil du wie ein Wahnsinniger gelacht hast und dann gefallen bist. Hätte aber zu gerne die Alte und ihre Lunchbox gesehen.«

»Nicht zu vergessen ihren Schrottpullover. Richtige Ritterrüstung. Wo haste mein Essen?«

Sie verließ das Zimmer und kehrte mit zwei Tüten einer bekannten Fast-Food-Kette zurück.

»Viel besser, Sophiechen!«

»Sofern man das durch zwei Tüten hindurch beurteilen kann.«

»Bist heute aber pingelig.«

»Sorry, liegt an meiner Chefin. Ständig hat sie was zu meckern. Blöde Ziege!«

Halliday hievte zwei doppelte Cheeseburger und eine große Portion Pommes frites aus den Tüten. »Wo haste das Ketchup gelassen?«

»Jake, kuck doch einfach gescheit.«

Er fingerte in der Pommes-frites-Tüte. »Stimmt, da ist es.«

»Sind wir alle froh drüber«, meinte Sophie larmoyant.

»Haste was herausgefunden?«

»Unser Kontaktmann sagt, dass dieser alte Mann MacDonald heißt.«

Halliday wedelte mit den Tüten. »So wie das hier? Ist nicht zu glauben!«

»Jake, bitte, reiß dich zusammen. Sonst brichst du dir noch das andere Bein. Außerdem schreibt sich der Opi mit einem a im Mac. M-A-C-D-O-N-A-L-D.«

»Noch was außer seinem tollen Namen?«

»Old MacDonald wohnt in North Queensferry.«

»Falls er hier herumschleicht, hätt' ich ihn längst mal sehen müssen.«

»Du redest wie ein Ureinwohner von diesem Nest. Aber wir gehören erst seit kurzem dazu, Mann!«

»Oha. Jetzt sagste plötzlich wir? Hattste die Zelte nicht bei Papi und Mami?«

»Hör bloß auf. Bin kaum noch dort. Was willst du jetzt machen?«

»Schätzchen, wir kennen uns 'ne Weile. Haste jemals erlebt, dass ich dir von meinen Geschäften erzähle? Wenn du nichts weißt, kannste auch nichts ausplappern.«

»Als ob ich dich verpfeifen würde!«

»Bullen haben ihre Tricks, um Verdächtige zu drangsalieren. Kannste mir glauben.«

Elena Hope-Weir, mit langen, gelockten Haaren, etwa fünfzig Jahre alt, sah sehr attraktiv aus. Ihre Eigentumswohnung in der South Side war nicht eben arm an antiken italienischen Möbeln. Sie schüttelte freundlich den Kopf. »Wie lange ist es her, Alberto?«

»Non so, meine Liebe. Ich weiß nicht.«

»Ich erwartete kaum, dass du dich nach unserem Zusammentreffen neulich wieder meldest.«

Alberto nahm sein Kaffeelöffelchen in die Hand und spielte unentschlossen damit.

»Hast dich gar nicht verändert, Signor Vitiello.«

»Ahaha!«

»Prego?«

»Schmeichlerin! Zehn Haare auf dem Kopf gewinnen sicher keinen Schönheitswettbewerb mehr.«

»Würde ich nicht sagen. Du hattest immer schon ein interessantes Gesicht.«

»Sisi. Jetzt sieht man es auch viel besser. Keine Locken mehr im Weg.«

»Spaßvogel! Bist du zum Austausch von Höflichkeiten gekommen?«

»Immer noch die direkte Art.«

»Sollte dich nicht wundern, Alberto. Wir stammen aus demselben Ort.«

»Es geht um deine Tochter. Excusa, die Frage ist töricht, aber hat Apo eine Doppelgängerin?«

Signora Hope-Weir ließ sich Zeit mit der Antwort. »Nicht direkt.«

»Könntest du bitte elaborieren?«

»Was sagst du?«

Vitiello lachte schallend. »In der letzten Zeit war ich häufig mit meinem Freund Angus zusammen.«

»Der redet so?«

»Und wie! Hat Apolonia eine Doppelgängerin oder nicht?«

»Nein, aber ihre Schwester sieht ihr sehr ähnlich. Du bist kreidebleich geworden. Keine Angst, sie ist nicht von dir.«

»Habe ich das befürchtet?«

»Amico, wir waren lange genug zusammen, dass ich Gedanken deinem Gesicht entnehmen kann. Sag mal, ist Angus Pfarrer, so wie er redet?«

»Hihi! Das werde ich ihm erzählen. Nein, Kochbuchautor und Food-Journalist. Er war es, der Apolonias Schwester sah, zweimal schon. Der Arme ging ihr hinterher, so schnell er konnte, aber sie hat nicht reagiert.«

»Ist doch klar, wenn sie ihn nicht kennt. Kommt der Herr schnell aus der Puste?«

»Kann man wohl sagen. Er versucht seit Jahren Gewicht zu verlieren. Hat Apo schon immer eine Schwester?«

»Chiara ist etwas älter, falls du das meinst.«

»Excusa, bin ein wenig durcheinander.«
»Wegen deiner Frau?«
»Maria ist extrem eifersüchtig. Auf dem Weg hierher hatte ich ein paar Mal das Gefühl, verfolgt zu werden.«
»Von ihr?«
Alberto nickte.
»Hoffentlich kommst du sicher nach Hause. Soll ich dich begleiten?«
»Grazie. No. Ist Chiara berufstätig?«
»Immer nur Gelegenheitsjobs. Machte keine Ausbildung. Apo ist das genaue Gegenteil, wahrer Sonnenschein, das Kind. Sie brachte hervorragende Schulnoten nach Hause. Chiara aber …«
Alberto reichte ihr sein Taschentuch.
»… drogensüchtig.«
»Porca miseria! Excusa, das ist mir so rausgerutscht!«
»No, du hast vollkommen Recht! Ich kann nur hoffen, dass es ihr besser geht.«
»Wo wohnt die junge Dame?«
»Das weiß nur die Großmutter. Kann ich dich anrufen?«
»Bloß nicht!«
»Verstehe. La tua moglie, die Ehefrau.«
»Wolltest du nach dem Tod deines Mannes nicht wieder heiraten?«
»Nein, es war für mich und die Kinder zu schmerzhaft, und ich mache mir Vorwürfe, weil Chiara sich so … entpuppte.«
»Sicher hast du deine Kinder gleich gut behandelt.«
»Das kann man nie wissen, Alberto. Habt ihr Kinder?«
Er nickte. »Eine Tochter. Danila.«
»Ist sie verheiratet?«
»Si, Ehemann und zwei Kinder.«
»Wie schön. Du Glücklicher. Was kann es Schöneres geben als Enkel?«
»Keine Sorge, deine Töchter werden sicher auch eines Tages heiraten.«
»Bei Chiara wäre es besser, wenn … ich halte lieber meinen Mund. Mit ihren Freunden war Apolonia aber auch nie richtig

glücklich. Eine Zeitlang glaubte ich, sie hätte etwas mit ihrem Butler …«

MacDonald kehrte von einem Verdauungsspaziergang zurück und hörte bereits von weitem den Tumult. Sein Kater saß verstört vor der Haustür. »Mein armer Kleiner. Hast du dich erschreckt? Komm, wir gehen der Sache auf den Grund.« Sir Robert wedelte mit dem Schweif. »Du willst nicht mitkommen? Muss ja schlimm zugehen da drinnen.« Behutsam öffnete er die Tür, um nicht Opfer eigener Töpfe oder Pfannen zu werden. Sollte er es so schnell bereuen, Reginald aufgenommen zu haben?

»Miss Apolonia, niemals sagte ich das.«

Höfliche Menschen lauschten nicht! Zeit, die Tür zu öffnen, Angus MacDonald!

Apolonia und Reginald schauten ihn an wie bei einer Missetat ertappt.

»Guten Abend zusammen.«

»Hallo, ja.«

»Guten Abend, Sir.«

»Wird ein Schiedsrichter benötigt?«

Apolonia, rotgesichtig, wurde noch wütender. »So weit kommt's noch!«

»Damen und Herren, der Geräuschpegel in meiner Küche ist beträchtlich.«

»Verdammt noch mal, so ist das eben, wenn zwei sich streiten!«

»Miss Hope-Weir, von Natur aus bin ich ein verständiger Mensch. Aber nun sollten Sie sich zügeln!«

Sie trat einen Schritt auf ihn zu und piekste ihm den Zeigefinger in die Brust. »Sonst passiert was?«

»Wollen Sie mich einschüchtern, junge Frau? Das gelang bislang noch keinem.«

»Ahaha!«

»Sie verlassen uns jetzt lieber.«

»Feigling«, sagte sie beim Rausgehen.

»Unerhört! Bringen Sie sich doch selbst zur Tür.« Patsch! Küchentür zugehauen. Kurze Pause. Wieder Patsch! Haustür auch. »Was Sie besprochen haben, ist allein Ihre Sache, Reginald. Aber so glühend sollte es nicht einmal in meiner Küche zugehen. Denken Sie bitte an die Nachbarn und Sir Robert. Er ist völlig eingeschüchtert.«

»Sir, das tut mir außerordentlich leid und wird nicht wieder vorkommen.«

»Gut. Ich verlasse mich darauf.«

»Wenn Sie mich nicht mehr benötigen, begebe ich mich zur Ruhe.«

»Natürlich.«

»Gute Nacht, Sir.«

»Auch Ihnen angenehmes Ruhen, Reginald.« Ein wenig enttäuschte es MacDonald, dass er nichts Inhaltliches vom Zwist erfuhr. Allerdings sprachen Gestik und Mimik der beiden Bände. Nicht nur Apolonia, auch Reginald war erhitzt und sogar geohrfeigt worden. Eine kaum sichtbare Spur auf der Wange zeugte davon. Die Kontrahenten standen sich näher, als sie zuzugeben bereit waren.

»Da kann euer Wullie Shakespeare nicht mithalten!«

Edinburgher Theaterbesucher im Jahr 1756
bei der Premiere der Tragödie »Douglas« von John Home

Untermieter kommen selten alleine!

»Angus, du hattest absolut Recht«, verkündete Alberto.

Weil MacDonald es gewohnt war, von seinem Freund eher Kontra zu erhalten, wusste er, dass etwas im Busch war. Auch die Koffer im Flur dienten als Indiz.

»Apolonia hat eine Schwester. Sie heißt Chiara.«

»Welch bemerkenswerte Neuigkeit. Nur etwas verstehe ich dabei nicht. Du kennst die Mutter so lange …«

»Sisi, aber alles weiß ich nicht, Amico.«

»Hm, so kann man das auch formulieren. Können wir die junge Frau befragen?«

»Bald, ja.«

»Ist sie auf Reisen?«

»So ähnlich.«

»Heute bin ich nicht in Ratestimmung.«

»Entschuldige, sie war und ist noch so was wie abhängig.«

»Whisky, Gin, Aufputschmittel?«

»Eher Rauschgift.«

»Schockschwerenot!«

»Si, ich weiß.«

»Miss Chiara ist so sehr weggetreten, dass man nicht mit ihr reden kann und den lieben, langen Tag mit der Beschaffung von Drogengeld beschäftigt?«

»Schwer zu beantworten.«

Angus fuhr sich mit der Hand übers Kinn. »Kennen wir ihren Aufenthaltsort?«

»Bekomme ich bald telefonisch mitgeteilt.«

»Darf ich über den Elefant in meiner Küche sprechen, Alberto?«

»Welcher Elefant?«

»Nur so eine Redensart. Deine Koffer …«

»Sisi.« Vitiello sah ihn mit großen Augen an.

»Gehst du auf Reisen?«

»Wie man's nimmt.«

»Soll ich uns einen Whisky einschenken?«

»Sehr gerne.«

Angus schenkte zwei doppelte Drams mit Cask Islay ein.

»Cheers!«

»Alla salute!« Vitiello verzog das Gesicht. »Ist der getorft?«

»Jawohl. Nun zurück zum Elefanten, Alberto. Wozu benötigst du Gepäck?«

»Ist nur das Nötigste drin, Hosen, Hemden, Unterwäsche, Kulturbeutel. Maria hat mich vor die Tür gesetzt.«

»Wann denn?«

»Gestern Abend stellte sie mir ein Ultimatum, heute Morgen nach dem Frühstück auszuziehen.«

»Sie bewirtschaftet euer Guest House alleine?«

»Hat geschlossen und einen Zettel an die Tür geklebt! Handgeschrieben! Stell dir das mal vor.«

»Muss ich dir den Grund auch noch aus der Nase ziehen?«

»Manische Eifersucht. Sie folgte mir zu Mutter Hope-Weir und will sich scheiden lassen.«

»Ihr habt aber doch bestimmt nichts Schlimmes gemacht.«

»Auf keinen Fall!«

»Wo willst du jetzt wohnen?« Natürlich würde MacDonald einwilligen, aber seiner Auffassung nach musste Alberto fragen.

Alberto kochte Suppe für den übernächsten Abend, damit sie vor dem Essen noch schön relaxen konnte. MacDonald wollte diesem Hort der Unruhe so schnell wie möglich entfliehen. »Auf Wiedersehen, Alberto. Ich wünsche dir schöne Stunden.«

»Gehst du aus?«

»Jawohl!«

»Tut mir leid, dass du jetzt zwei Untermieter hast.«

»Ist schon in Ordnung, mein Freund.«

»Wann kann ich unser Abendessen servieren?«

»Ich weiß nicht.«

»Halb sieben würde funktionieren.«

Zufällig Albertos Dinner-Zeit. »Wegen der Minestrone?«

Vitiello lachte gutmütig. »Als Auftakt, si. Danach serviere ich Scaloppine alla milanese und als Dessert eine Tiramisu.«

Angus' Miene heiterte sich auf.

»So könntest du wunderbar den Wetterbericht moderieren«, meinte Vitiello. »Wird Richard mitessen?«

»Der Mann heißt Reginald. Es ist kein bisschen kompliziert.«

Alberto zuckte mit den Schultern. »Stößt er dazu?«

»Ich werde ihn fragen, halte es aber für unwahrscheinlich.«

Busfahren war umweltschonend. Doch manchmal musste der Mensch sich etwas Luxus gönnen und ein Taxi nehmen. Karen zuliebe ging Angus zum Taxistand auf der Princess Street zu Fuß. Trotz zahlreicher Versuche hatte er sie noch nicht erreicht. Sollte er eine Stippvisite in der Praxis machen? Nein, lieber nicht. Sie war immer schwer beschäftigt mit ihren vielen Patienten. Die Arbeit kam vor dem Vergnügen. Anne Redpath wohnte in der St. Leonard's Lane und hatte ihren freien Tag. Eine der drei neuen *Destillerien in Edinburgh* befand sich in ihrer Straße, die Holyrood-Brennerei. Es war höchste Zeit für diesen Neubeginn: Sechs *Destillerien in Glasgow* und Umgebung waren bereits zu verbuchen. Jeder Edinburgher, der etwas auf sich hielt, lebte in lieber Feindschaft zu seinen Glaswegians, und nun auch noch dieser Vorsprung! Der städtische Verkehr verblüffte MacDonald. Heute ging alles schneller als erwartet. MacDonald bezahlte den Taxifahrer und zog sein Notizbuch aus der Aktenmappe. Vielversprechende Ideen wurden notiert, bevor sie verlorengingen. Trotz permanenter Molestierungen hatte er fast alle Marmeladenrezepte zusammengetragen. Aber wie konnte er nur einer Männerwohngemeinschaft zustimmen und was sollte er Anne Redpath fragen? Beiß die Zähne zusammen, Angus! Okay! Dem verwirrten Blick einer Passantin entnahm er, wieder mit sich selbst gesprochen zu haben. Nun klingelte auch noch sein mobiles Telefon. »MacDonald hier. Was? Ja, Alberto, ich bin um halb sieben zum Abendessen zurück. So wie wir es kürzlich besprachen. Auf Wiederhören. Nein, frage Reginald bitte selbst, ob er mit uns dinieren möchte. Ich lege jetzt auf.« Er betrachtete das Haus. Gar nicht schlecht. Betucht scheint auch diese Dame zu sein. Kein Freund von überraschenden Besuchen, hätte er sich lieber angemeldet. Aber wen um Miss Redpaths' Telefonnummer bitten? Sicher nicht Apolonia, so wie sie sich bei der letzten Begegnung verhalten hatte! Um der Detektivehre willen ermittelte er weiter, drückte den Klingelknopf. Die Hauskamera übertrug sein Konterfei nach oben. Er hasste es, in derartige Geräte zu sprechen.

»Ja?«

Unmöglich, jemanden mit Worten kürzer zu begrüßen. Schön, wenn es denn so sein sollte! »MacD.«

»Bitte?«

»Mein Name ist MacDonald. Wie geht es Ihnen, Miss Redpath?«

»Gut.«

»Wäre es möglich, dass wir von Angesicht zu Angesicht sprechen?«

»Tun wir doch.«

»Nur zu fünfzig Prozent, ich kann Sie nicht sehen.«

BRRRRT! Der Türöffner wurde betätigt.

»Wir betreten nun das Haus.«

Krrzzt. Wieder die Gegensprechanlage. »Haben Sie noch was gesagt?«

»Nein.«

»Viertes Stockwerk. Ganz oben.«

»Auch das noch!« Keuchend und japsend gelang es ihm, zwei Stockwerke zu erklimmen. Wacker voran, Angus. Ein Fuß nach dem anderen. Du schaffst auch den Rest noch! Gerne hätte er sich den Schweiß von der Stirn gewischt. Doch Miss Redpath stand bereits mahnmalhaft vor ihrer Haustür. »Kommen Sie alleine, Mister MacDonald?«

»Jawohl.«

»Hätte schwören können, dass ich Sie mit jemandem habe reden hören.«

»Treppensteigen bereitet mir große Freude. Oft stimme ich dann eine Weise an.«

»Was?«

»Lied, Gesang.«

»Okay«, erwiderte sie in abschätzigem Ton. »Wenn Sie meinen.«

MacDonald nickte. Er musste den Atem rationieren.

»Sie sehen nicht gut aus. Wollen Sie Aspirin oder so was?«

»Nein, danke. Es geht schon. Ich hätte ein ordentliches Frühstück zu mir nehmen sollen.« Sie stand immer noch im Türrahmen. »Darf ich eintreten?«, fragte Angus.

Redpath zog die Tür weiter auf – als ob das angesichts seines Umfangs geraten wäre! – und nickte ihm, ihre Version von Willkommensgruß, zu. »Bin gerade am Arbeiten!«

»Ich werde Sie nicht lange aufhalten, Gnädigste.«

»Apo hat Recht. Sie reden ulkig.«

»Freut mich, dass mein Sprachduktus Ihre Heiterkeit erweckt.«

»Ha, schon wieder! Gehen wir ins Arbeitszimmer!«

»Wie Sie wünschen.« Demonstrativ hurtig eilte die junge Dame im langen Korridor voraus. Sollte das ein Innenraumwettlauf werden? Gerade erst hatte er vier Stockwerke erklommen! »Der Abstieg steht mir auch noch bevor!«

Miss Redpath drehte den Kopf zu ihm. »Haben Sie was gesagt?«

»Nein.«

Schwungvoll öffnete sie die Tür zu einem Raum voller Bücher. Ringsum Regale, Schreibtisch und roter Kinosessel, belegt mit Notizbüchern.

»Nehmen Sie Platz!«

»Darf ich fragen wo?«

Sie kratzte sich wohlig am Kopf, schien einen Geistesblitz zu haben und räumte den Sessel frei. »Moment noch!«

»Natürlich, ich warte gerne.«

»Bleibt Ihnen kaum was anderes übrig.«

Alle Sympathie, die sie angesichts der Bücher bei ihm einheimste, verflog. »Paff!«

»Will Ihnen nicht zu nahe treten. Aber kann es sein, dass Sie mit sich selbst reden?«, fragte sie von oben herab, denn eine zweite Sitzgelegenheit gab es nicht.

MacDonald betrachtete das Fischgrätenmuster seines Harris-Tweed-Jacketts.

»Ist ja egal. Wollen Sie was trinken? Sehen mitgenommen aus.«

»Danke, nein, Miss Redpath.«

»So, was gibt's zu besprechen?«

»Es geht um Miss Hope-Weir.«

»Solange nur unsere Apolonia im Mittelpunkt steht!«

Das war aufschlussreich. »Schöne Bibliothek haben Sie, Miss Redpath.«

Zum allerersten Mal entdeckte er im Gesicht der jungen Dame ein Lächeln. »Danke. Ich freue mich, hier mal Zeit verbringen zu können.«

»Sie arbeiten oft bei Crazy Jam?«

»Muss das Geld für mein Studium auftreiben.«

»Ihr Metier?«

»Was ist los?«

»Studienfach?«

Sie sah ihn wie einen Tattergreis an. »Filmwissenschaften.«

»Schön. Wenn Sie möchten, kann ich Ihnen ein Praktikum bei der BBC vermitteln.«

»Kein Witz?«

»Weniger ungewöhnlich, als es Ihnen erscheint. Ich habe meine eigene Kochshow.«

»Hm.«

Interesse sah anders aus! »Geht Apolonia hin und wieder ins Kino?«

»Mister MacDonald, falls Ihre Fragen alle so allgemein ausfallen, vertröste ich Sie auf einen anderen Tag.«

Bei diesem Fall meinte jeder, wichtiger zu sein als Angus Thinnson MacDonald! »Miss Redpath, wie ist die Stimmung im Laden?«

»Alle sind angefressen, würde ich sagen.«

»Miss Hope-Weir auch?«

»Sie nervt besonders! Verspricht offene Atmosphäre. Aber wehe, jemand vertritt andere Ansichten als Madame. Dann ist der Teufel los.«

»Geht es bei Ihren Gesprächen auch um Schottlands Unabhängigkeit?«

»Apo ist strikt dagegen. Jetzt will sie sogar Marmelade mit dem Union … ups, fast hätte ich Firmengeheimnisse verraten.«

»Das wollen wir natürlich nicht. Ich denke mir zur Union noch den Jack dazu und wenn Sie den Kopf nicht schütteln, liege ich richtig.«

»Blaubeermarmelade in weißem Glas mit rotem Deckel! Sie kann in ihrem Laden machen, was sie möchte, soll aber bitte nicht pseudodemokratisch tun.«

»Wie war das Verhältnis zwischen Apolonia und Reginald?«

»Ach, der! Wurde gekündigt.«

»Hatten die beiden zuvor Streit?«

»Mehr als einmal. Wenn es um Politik geht, ist Reginald unerbittlich.«

»Wird er auch aggressiv?«

»Nö. Ist mehr Apos Spezialität.«

Angus dachte an des Butlers malträtiertes Gesicht nach dem Zwist mit Miss Hope-Weir.

»Wissen Sie, wie Reginald in Apolonias Dienste trat?« Miss Redpath erweckte den Eindruck, des Englischen nicht mehr mächtig zu sein. Irgendwann nickte sie. »Wie er sich beworben hat?«

»Ja.«

»Baxter-Butler-Service. Sie stellen ausschließlich Problemfälle ein.«

»Menschen, welche auf die schiefe Bahn gerieten?«

»So sieht's aus. Da haben wir wieder Apos soziale Ader. Wenn schon den Luxus eines Butlers, dann bitte so!«

»Was können Sie mir über Miss Tawse und die White Demons sagen?«

»Wow! Umfassender kann eine Frage kaum sein.«

»Finden Sie es nicht ungewöhnlich, dass eine junge Frau aus begütertem Elternhaus mit Rockern befreundet ist?«

»Ist ein freies Land, Mann.«

»Wer schlug Ihrer Meinung nach Miss Hope-Weir nieder?«

»Könnte sein, dass sie selbst dafür sorgte.«

»Apolonia hat sich die Veilchen eigenhändig verpasst?«

»Ha, das wär's noch! Nein, eher Auftragsschläger.«

»Mit welchem Ziel, bitte?«

»Publicity.«

»Wurden die Fausthiebe denn werbemäßig genutzt?«

»Weiß nicht, was Apo damit machen will. Aber diese Howatson brät sich sicher noch ein Ei darauf. Für Publicity macht die Alte alles. Auch sollten Sie wissen, dass für die Knockdowns Kunden in Frage kommen. Apo belehrt die Kundschaft oft politisch. Aggressiv. Das sagt nicht jedem zu.«

Alberto servierte den ersten Gang: Minestrone auf Suppentellern, selbstverständlich vorgewärmt. Gelernte Köche konnten darauf nicht verzichten. Mit kaltem Geschirr auf dem Tisch würden sie körperlich krank werden! »Prego, Signore.«

Angus wusste, dass er eine gewisse Frage erwartete: »Speist Reginald mit uns?«

Vitiello schüttelte den Kopf und setzte sich ebenfalls an den Tisch. »Ich habe an seiner Tür geklopft. Komisches Erlebnis!«

»Er öffnete nicht?«

»No.«

»Es ist am einfachsten, du erzählst die Episode am Stück. Sicher willst du nicht ständig von mir unterbrochen werden?«

Alberto sah ihn verdutzt an. »Zuerst dachte ich, er hat Besuch von einem anderen Herrn, mit sehr tiefer Stimme. No, er spielte eine CD ab. Sprechgesang, nicht auf Englisch, mehr so Gälisch, und dieser Raymond …«

»Reginald!«

»Dein Butler betete jeden Satz nach!«

»Mit anderen Worten, wir wissen nicht, worum es ging?«

»Habe nicht vor, wegen ihm diese … Sprache zu lernen.«

»Was war denn so ungewöhnlich? Gälische Worte wirken auch auf manchen Schotten, damit unvertraut, befremdlich.«

»Sehr höflich formuliert. Vielleicht kommst du noch in den Genuss, die Litanei zu hören. Teufelsanbetung ist nichts dagegen!«

»Bist du sicher?«

»Hab's mit eigenen Ohren gehört. Angus, was diesen Mann betrifft, bist du leichtsinnig.«

»Soll ich dir erzählen, was meine Befragung von Anne Redpath ergab?«

»War dein Butler dabei?«

»Schwer möglich, wenn du ihn im Haus hörtest.«

»Bandaufnahme, sage ich nur.«

»Traust du mir zu, dass ich Reginald neben mir bemerkte?«

Der Italiener nickte verbissen. »Prego. Ich höre.«

Angus brachte ihn auf den neuesten Stand.

»Ist das alles?«

»Jawohl.«

Vitiello lachte schelmisch.

»Komm schon, Alberto, was denn?«

»Ich habe auch Neuigkeiten: die Adresse von Oma Hopes Seniorenheim.«

Er saß wieder vor seinem Häuschen. Ermahnungen Miss Armours – »Malc, heute ist es zu kalt. Denk an deine Gesundheit, mein Guter. Wo ist die gute Fleece-Jacke?« – verhallten im Nichts. Zum Leben gehörte sein Ritual mit dem Stuhl und Malcolm MacDonald alleine entschied, wann es ungemütlich wurde. Was Missie Grissie nicht eingestand, war ihre Angst vor den White Demons. Im Pub ging alles sehr schnell und sie konnte es einigermaßen verbergen. »Hab' meine Lederjacke aus gutem Grund angezogen, Madame! Sie ist hundertmal bequemer als das dämliche Fleece-Ding, das du mir gekauft hast.«

»Mal-co-holm, hast du etwas gesagt, Liebster?«

»No!« Unfassbar! Die Küche befand sich auf der anderen Seite des Hauses und sie hörte jedes Wort. »Radarohren!«

»Wie-hie?«

»NICHTS!«

»Da hat heute einer blendende Laune.«

Würde er eben nichts mehr zu sich selber sagen. War ohnehin Angus' Spezialität. Sie übertrieb es mit dem Gesundheitswahn, kochte mit Knoblauch. Er war nicht so ein überkandidelter Feinfresser wie Sohnemann, bevorzugte heimische Küche, und Knoblauch war neumodisches Zeug. Darauf gepfiffen, dass er der Verdauung half, wenn man aus sämtlichen Poren müffelte! Bloß noch Komplikationen, sobald von Pfeffer und Salz abgewichen wurde, und schwer war es für Mannsbilder, darüber zu sprechen.

Mister Baxter, Inhaber des Baxter-Butler-Service hatte sich nach dem dritten Anruf bereit erklärt, MacDonald zu empfangen. Er residierte mit seiner Firma in schickem Büro, Blick auf die Meerenge Firth of Forth inklusive. Die Geschäfte schienen gut zu laufen. Die Empfangsdame bot MacDonald Kaffee und Wasser an, was er ablehnte.

»Oder lieber einen schönen Orangensaft, Sir?«

»Gerne, ja.« Durst hatte er keinen. Doch wollte er die Dame nicht unglücklich machen. So wie sie ihre Erfrischungen anpries, fürchtete er, sie würde sonst von ihrem Chef abgestraft werden. Oder arbeitete sie nebenberuflich für einen Getränkehersteller?

»Mister Baxter ist gleich für Sie da.«

Der Gourmet war sich nicht so sicher. Sämtliche Wände bestanden aus Glas und er konnte Barry Baxter gestikulieren sehen. Selten endeten solche Telefongespräche schnell. Doch fünf Minuten später blinkte auf dem Schreibtisch der Empfangsdame sehr wild ein Lämpchen. »Es ist soweit, Mister MacDonald. Sie dürfen eintreten.«

Baxter drehte seinen Stuhl um 90 Grad, sprang auf und öffnete die Glastür. MacDonald erhob sich, kontrollierte den Sitz seines Jacketts und ging würdevoll auf Baxter zu, was diesen abbremsen ließ. Ex-Army, konstatierte Angus für sich. Der Firmeninhaber streckte die Hand aus und lächelte abschätzend. »Mister MacDonald, willkommen. Nehmen Sie bitte Platz.« Fast unmerklich taxierte er seinen Gast von oben bis unten.

»Fraglos müsste ich einige Pfunde verlieren!«

»Wenn Sie es sagen, Sir.«

»Ich bitte um Entschuldigung. Derzeit bin ich etwas gestresst, sodass sich manche Gedanken ohne mein Zutun offenbaren.«

»Es gibt Situationen, in denen das gefährlich werden kann.«

»Denken Sie an kriegerische Handlungen?«

»Haha, treffende Formulierung! Sie haben vollkommen Recht. Das meinte ich. Wie kann ich Ihnen helfen, Mister MacDonald.«

»Seit wann gibt es Ihren Butler-Service?«

»Sir, wenn ich das sagen darf: Sie sind erfahrener Journalist und Autor, und es ist deshalb unwahrscheinlich, dass Ihnen unsere Website unbemerkt blieb. Sparen wir uns also die Präambeln und kommen zur Sache?«

Die Vokabel Präambel verwies auf umfangreichen Wortschatz. Ein gebildeter Soldat also. »Gerne, Mister Baxter. Es geht um Reginald.«

»Hat der Bursche auch einen Nachnamen?«

»Er ist mir leider nicht bekannt.«

»Kann ich davon ausgehen, dass der Mann für Sie arbeitet, Mister MacDonald?«

»Jein.«

Baxter verknotete die Hände hinter dem Kopf. »Das wird ja immer mysteriöser.«

»Unglücklicherweise kann ich nicht mehr sagen.«

»Dennoch erwarten Sie von mir Informationen?«

»Falls es möglich wäre?«

»Mit etwas weniger Gewicht würde ich Sie für den Nahkampf trainieren.«

»Reizend von Ihnen«, antwortete der Gourmet leidenschaftslos.

»Was wollen Sie über Reginald erfahren?«

»Sie wissen, vom wem ich rede?«

»Gehen wir mal davon aus.«

»In meiner Freizeit betätige ich mich als Detektiv. Doch nur, wenn sich das Verbrechen gegen authentisches Essen und Trinken richtet.«

»Gourmet-Detektiv. Das heißt, Sie stehen nicht in den gelben Seiten?«

»Nein, Mister Baxter. Reginald ist in meinen neuen Fall gewissermaßen verwoben. Mir erzählte jemand, dass Sie in Ihrem Unternehmen gewissen Menschen eine zweite Chance geben …«

»Reginald ist ein Pfundskerl. Ich würde die Hand ins Feuer legen für ihn. Bei der Army lernte ich, Menschen zu taxieren. Sie, MacDonald, zählen zu den Guten.«

»Herzlichen Dank.«

»Falls ich einmal Ihre detektivischen Dienste in Anspruch nehmen müsste …?«

»Jederzeit, Mister Baxter.«

»Hallo, Großväterchen, lange nicht gesehen!«

Malcolm kniff die Augen zu. Er sah auf seine Armbanduhr. Stehengeblieben! »Wie spät ist es?«

»Zeit der Abrechnung, Malci.« Jake Halliday sah witzig aus mit dem Bein, eingegipst bis zur Hüfte, Krücken, und schaukelndem Knebelbart.

»Tut's noch weh?«, fragte MacDonald senior in aller Gemütsruhe.

»Guter Witz, Opi.«

»Ich bin nicht mit Ihnen verwandt, junger Mann, und so wie Sie sich anstellen, möchte ich es auch nicht werden.«

»Komiker. Trinkste noch deinen Rote-Bete-Saft?«

»Mehr denn je.«

»Wir müssen reden.«

»Na, finde ich gar nicht.«

»Mach dir keine Hoffnungen. Bin nicht alleine hier. Hinter dem Haus stehen zwei Kameraden.«

»Weiße Zwergteufelchen?«

»Das Lachen wird dir noch vergehen. Was riecht hier so schräg?«

»Weiß nicht, Jakie.« Angst hatte Malcolm keine, im Leben noch nie welche gehabt. Männer aus Leith waren Teufelskerle. »Raus jetzt mit der Sprache, damit ich mein Mittagsschläfchen fortsetzen kann.«

»Solche Sorgen wirste in Zukunft nicht mehr haben, Alter. Pennst für immer.«

»Lernst du die Sprüche auswendig, aus einem großen Buch?«

»Großes Mundwerk.« Halliday hielt beide Krücken mit der rechten Hand und zog einen Totschläger aus der Tasche.

»Schönes Teil. Vom Flohmarkt?«

Der weiße Dämon strich sich über den Bart. »Äh, was?«

»Dein Nahkampfwerkzeug sieht antik aus. Erbstück?«

»So langsam gehste mir auf die Nerven, Opa.«

»Schade, wollte dich gerade zum Tee einladen.«

»Wo finde ich deinen Sohn?«

»Welchen?«

»Den Dicken.«

»Was willste von ihm, Jakie?«

Halliday hob den Totschläger an, scharf beobachtet von MacDonald senior. »Ist meine Sache.«

»Na!«

»Was na?«

»Anguslein hat es nicht gerne, wenn ich die Adresse rausgebe. Damit er keinen ungebetenen Besuch bekommt. Von Typen wie dir.«

»Oho, wird da einer rebellisch auf seine alten Tage?«

»Na! War immer so.«

»Hier stinkt's gewaltig.«

»AUUUUUUAAAAAAAAAAA!«

»Wer war das?«, fragte Halliday verunsichert.

»Weißes Dämönchen vielleicht?«

»Oh, Knoblauch! Gott, Hilfe, Gott!«

»Meine bessere Hälfte liebt ihn innig. Kann man leider nichts machen.«

Halliday wankte, ließ Krücken und Totschläger fallen, fiel auf den Steinboden.

Seine Waffe kickte Malcom weg. Im gleichen Moment kam Grissie aus dem Haus gerannt, mit leichtem Linksdrall ihren großen Suppentopf schleppend. Was sie wohl mit dieser dicken Brühe vorhatte? Jeder ihrer Schritte brachte Halliday heftiger zum Röcheln, und Malcolm bekam fast Mitleid. Direkt neben dem Eindringling stellte sie den Kessel auf den Boden. Der Dämon schnaufte ein letztes Mal und fiel in Ohnmacht. Malcolm klatschte. »Grissie, ich weiß nicht, wie du's gemacht hast, großartige Leistung aber!«

»Hör bloß auf.«

»No, den Beifall hast du dir verdient. Hast du den anderen auch nur deinen Topf zeigen müssen, um sie außer Gefecht zu setzen?«

Miss Armour wehte dem Opfer mit beiden Händen weiteren Knoblauchodem zu. »So, das sollte genügen. Hinter dem Haus war es nur ein Eindringling.«

»Jake sprach von zwei Kollegen.«

»Du wirst dich entscheiden müssen, wem du Glauben schenkst.«

»Dir natürlich.«

»Sehr gut. Ich muss unseren schönen Eintopf wegschütten. Der Ledertyp tunkte seine Flosse hinein.«

»Freiwillig?«

»Nein, der Unhold störte mich beim Kochen! Du weißt, wie wichtig mir gute Ernährung ist.«

»Keiner sollte dich davon ablenken.«

»Außerdem merke ich, wenn ich bedroht werde! Geschah nicht zum ersten Mal. Der Typ gab vor, über meinen Knoblauchtopf sprechen zu wollen und schnappte sich, ohne zu fragen, den Kochlöffel. Ich wusste mir nicht anders zu helfen, als seinen Arm ins heiße Nass zu ziehen.«

»Daher der AUA-Schrei?«

»Jawohl.« Sie strich ihren Polyacrylpullover glatt.

»Wo ist der Typ jetzt?«

»Davongerannt. Hat geheult wie ein kleines Baby. Memme!«

Malcolm nickte. Er hatte schon einige zähe Lassies kennengelernt. Doch Griselda Armour schlug sie alle. »Woher hast du gewusst, wie man Halliday flachlegt?«

»Vor dir steht eine Diplom-Oecotrophologin. Wann wirst du das endlich realisieren?«

»Aber Schätzchen ...«

»Malcolm, wir Ernährungswissenschaftlerinnen wissen vom Einfluss der Lebensmittel auf menschliche Körper, im Guten wie im Schlechten. Knoblauchallergie! Mit der kenne ich mich aus.«

»Ich auch.«

»Bitte?« Miss Armour mochte es überhaupt nicht, unterbrochen zu werden. »Wo war ich stehengeblieben?«

»Allergie.«

»Richtig. Ich hörte dich mit diesem Halliday reden.«

»Warst du nicht durch den anderen Rocker abgelenkt?«

»Frauen sind multifunktional.«

»Hä?«

»Wenn man mehrere Dinge gleichzeitig machen kann. Jedenfalls vernahm ich, dass der Oberrocker sich am Eintopfduft störte und schloss messerscharf, dass er unter einer Knoblauchallergie leidet. Bereits im Pub fiel mir etwas an seinem Gesicht auf.«

»Gut, dass du so schlau bist, Lassie!«

»Was machen wir jetzt mit dem Kerl?«

»Ich kümmere mich darum.«

»Du willst ihn abmurksen?«

Malcolm lachte donnernd. »Nein, hatte ich nicht vor. Walt soll mit seinem Pickup kommen. Da laden wir ihn drauf.«

»Vorher wird er aber gefesselt, oder?«

»Klar. Das mache ich sofort.«

Miss Armour schickte sich an, den Kochtopf wieder ins Haus zu tragen.

»Lass ihn noch einen Moment hier und bring mir deine Kamera, Grissie.«

»Ich besitze keine.«

»Dann eben das tragbare Telefon.«

»Mein Handy. Sag das doch gleich.«

»Wir werden Mister Oberrocker fotografieren, mit dem Topf daneben. Vielleicht kannst du ein großes Schild malen, auf dem Knoblauchallergiker steht?«

»Willst du den Mann damit erpressen?«

»Solange er spurt und die Familie MacDonald nicht mehr angreift, können wir darauf verzichten.«

»Familie MacDonald«, wiederholte Miss Armour träumerisch.

Könnt ich nur meine große Klappe halten! Jetzt macht sie sich wieder Hoffnungen auf eine Heirat! »Ich gehe in den Schuppen, für einen Strick.«

»Du willst mich mit dem Kerl alleine lassen?«

»Niemals würde ich meiner Tochter die Aufmerksamkeit stehlen. Eher verziehe ich mich in die Wildnis.«

Phylidda Law (Schauspielerin und Mutter Emma Thompsons) über die Tatsache, dass sie Einladungen von Radio und Fernsehen ablehnt, seitdem ihre Tochter eine Hollywood-Berühmtheit ist.

Lose Familienbande

»Wo ist das Seniorenheim, Angus?«

»Zum dritten Mal fragst du mich das. In Grange.«

»Ich will uns nur zum Ziel bringen.« Alberto steuerte seinen Volvo wie ein Formel-Eins-Rennfahrer: Arme ausgestreckt und selbst auf gerader Strecke ständig das Lenkrad bewegend, um Konkurrenten abhängen zu können. »Grange, kenne ich. Östlich davon liegt Newington, wo Danila und Sean wohnen und …«

»Sollte ein Technik-Fan wie du nicht GPS im Wagen haben?«

»Bin noch nicht dazu gekommen, es zu installieren.«

»Könnte ich mit der Befragung beginnen?«

»Bin ich schon wieder unfähig?!«

Vitiello hatte in all den Jahren ihrer Freundschaft wie jeder Mensch mitunter schlechte Laune gehabt. Doch seit dem Zerwürfnis mit Maria war er schwierig geworden. Es war besser einzulenken. »Das habe ich nicht behauptet, Alberto.«

»Buono! Ich darf also anfangen?«

»Natürlich.«

»Grazie, Amico.«

»Mein Dad hat angerufen.«

»Wie geht es ihm?«

»Hunky-dory.«

»Haha, das sagt er gerne.«

»Jake Halliday und ein Kumpan besuchten ihn.«

»Molto interessante. Was geschah?«

»Reginald nahm den Anruf entgegen. Gewissenhafter Butler, der er ist, erkundigte er sich nach der Wichtigkeit. Dad versicherte ihm, dass er und Miss Armour wohlauf sind, versprach, sich wieder zu melden.«

»Dieser Mann ist unersetzlich«, sagte Alberto.

»Mein Dad?«

»No, Don Reginaldo.«

»Schön, dass du ihn der italienischen Gemeinde einverleibst.«

Vitiello grummelte Unverständliches.

»Hast du etwas gesagt?«

»Muss mich auf den Weg konzentrieren.«

»Kennst du die Großmutter auch von früher?«

»Auf was für Ideen du kommst!«

»Aber Alberto, du warst doch mit ihrer Tochter liiert.«

»Erstens einmal: Wir waren nur kurz zusammen, und zweitens wohnte die Oma damals noch in Italien.«

»Drittens bin ich ins Fettnäpfchen getreten.«

»Excusa, die Sache mit Maria liegt mir schwer im Magen.«

»Allzu verständlich.«

»Wie geht es Frau Doktor Karen?«

»Nun ja …«

»Habt ihr keinen Kontakt mehr?«

»Sporadisch.«

»Lass hören, Angus.«

»Seitdem unser Picknick ins Wasser fiel, erreiche ich Karen nicht mehr. Zuhause übernimmt sofort der Anrufbeantworter und die Praxis verlautbart, sie sei auf Reisen.«

»Du denkst, sie lässt sich verleugnen?«

»Früher hat sie immer zurückgerufen. Wenigstens sehe ich jetzt etwas Erfreuliches. Die nächste Straße rechts rein und dann bitte parken. Wir sind am Ziel.«

Vitiello steuerte den Wagen auf den hauseigenen Parkplatz und betätigte vital die Bremsen. Neben dem Sitz fischte er nach einer Schachtel Amaretti.

»Sieger wie immer Alberto Vitiello«, stellte MacDonald fest und versicherte sich, dass die Shortbread noch unter seinem Jackett waren.

»Sisi, wenn du fährst, dauert es dreimal solange. Aber Sicherheit schreibe ich trotzdem groß.«

»Dann mal los, Mister Security. Du meldest uns an. Nobles Anwesen. Kostet bestimmt eine Stange Geld. Ich frage mich, wer für Oma Hopes Pflege aufkommt.«

»Woher soll ich das wissen?« Vitiello steckte die Hände in die Hosentaschen, was nicht sehr erwachsen aussah.

»Alberto, wie heißt die Großmutter?«

»Hope-Weir.«

»Kaum möglich, das ist der Name ihres Schwiegersohnes.«

»Ja, und?«

»Alberto!«

»Vitiello.«

»Deinen Nachnamen kenne ich bereits.«

»Großmütterchen heißt auch Vitiello.«

»Hm.«

»Der Name ist in Cormons weit verbreitet!«

»Natürlich.« MacDonald klopfte an der Tür. Ein kräftiger, weiß gekleideter Pfleger öffnete. »Gentlemen, wie kann ich Ihnen helfen?«

»Wir möchten eine Insassin besuchen«, erklärte Alberto.

»Das ist kein Gefängnis. Hier wohnen Seniorinnen und Senioren.«

»So wollte es mein Freund auch formulieren. Mein Name ist MacDonald. Wir sind hier, um Mrs Vitiello unsere Aufwartung zu machen.«

»Was soll das sein?«

»Besuch«, erläuterte Alberto grinsend.

»In dem Fall bitte zur Rezeption. Gleich da vorne. Sie können es nicht verfehlen.«

»Herzlichen Dank, junger Mann. Sie sind außerordentlich liebenswürdig.«

Der Pfleger sah ihnen mit verschränkten Armen nach. Angus ging auf die Rezeption zu und lächelte die Dame freundlich an. »Schönen guten Tag. Vor Ihnen stehen die Herren MacDonald und Vitiello. Wir würden gerne Mrs Vitiello besuchen.«

»Sind Sie angemeldet?« Mit ihrem düsteren Gesicht wäre die Frau auch in einem Strafgefangenenlager gut aufgehoben gewesen.

»Natürlich, Gnädigste.«

»Mackenzie und wer?«

»MacDonald und Vitiello!« Er las ihr Namensschild: Mrs Kennoway.

»Aus Italien angereist?«

Alberto hielt die Fingerspitzen unter das Kinn, einen Bart anzeigend. »Wenn das ein Scherz sein soll, kann ich nicht darüber lachen!«

Mrs Kennoway zeigte auf Alberto und fragte MacDonald. »Wird er leicht nervös?«

»Basta così! Jetzt reicht's!«

Angus musste die Situation deeskalieren. »Verraten Sie uns die Zimmernummer, Mrs Kennoway?«

»Es ist kein Geheimnis, 111, den Korridor entlang und dann rechts.«

»Danke sehr.«

»Ihre Besuchszeit darf eine halbe Stunde nicht überschreiten.«

»Zu Befehl«, antwortete Alberto, »ich stelle den Alarm ein!«

Die Empfangsdame war sich nicht sicher, ob sie ungemütlich werden sollte.

»Es hat uns gefreut.« Angus zog seinen Freund am Ärmel von der Rezeption weg und befühlte wieder die Shortbread unter seinem Jackett.

»Hast du etwas mitgebracht, Angus?«

»Kekse«, erwiderte der Gourmet leise. »Du auch?«

»Amaretti. Warum verstecken wir die Süßigkeiten?«

»Ich weiß nicht so recht.«

»Ist ja kein Heim für essgestörte Menschen.«

»Nein, aber leicht bizarr ist das Personal schon. Würde mich nicht wundern, wenn wir noch einmal kontrolliert werden.«

»Mal den Teufel nicht an die Wand.«

Angus klopfte an die Tür.

»Wer ist es?«, fragte eine glockenhelle Stimme. »Egal. Treten Sie ruhig ein.«

MacDonald ließ seinem Freund den Vortritt. Das Zimmer war nicht sehr geräumig, mehr lang als breit. Am Fenster saß im Rollstuhl eine ältere Dame, die Beine mit dicker, karierter Decke geschützt.

»Gleich zwei junge Männer! Heute muss mein Glückstag sein. Oder Geburtstag?«

Die Ähnlichkeit mit Apolonias Mutter war frappant.

»Buon giorno, Signorina. Wir haben Ihnen Biscotti mitgebracht.«

»Ciao belli! Italiani! Mit Keksen! Perfetto.«

»Tutto a posto?«

»Alberto, du denkst bitte daran, dass ich im Italienischen nicht perfekt bin?«

Mrs Vitiello fuchtelte mit dem Zeigefinger in seine Richtung. »Hat jemand nicht aufgepasst in der Schule?«

»Doch, immer, aber wir hatten Französisch, kein Italienisch.«

»Wo gibt's denn so etwas! Italienische Schule, die kein Italienisch unterrichtet!«

Alberto hüstelte. »Darf ich unterbrechen?«

»Certo, Ragazzo. Was willst du sagen?«

»Mrs Vitiello, Sie erinnern sich vermutlich nicht mehr an mich. Elena und ich waren einst liiert.«

»Meine Elena?«

»Sisi.«

Sie lachte verschmitzt. »Bist du sicher, dass nicht ich es war?«

»Ja, Signorina.«

»Hatten wir etwas miteinander, junger Mann?«, wollte sie von Angus wissen.

»Nein, Mrs Vitiello.«

»Irgendwoher kenne ich dich aber.« Sie deutete auf den Flachbildfernseher. »Sag, tauchst du da drinnen auf? Jetzt erinnere ich mich. ›Kochen mit Scotch‹. Das warst du, oder?«

MacDonald nickte. »Freut mich, dass Sie die Sendung kennen.«

»Die BBC ist nach wie vor eine gute Adresse. ›Kochen mit Hafer‹ auch. Stimmt's?«

»Schuldig im Sinne der Anklage, Frau Richter.«

Vitiello räusperte sich.

»Kleiner, du solltest etwas gegen diesen Husten unternehmen. Willst du ein Bonbon?«

»No, grazie!«

Mrs Vitiello lächelte. »Hab's nur gut gemeint.«

»Wir sind hier, um über Chiara zu reden.«

»Sie steckt in Schwierigkeiten«, erklärte MacDonald.

»Es wäre nichts Neues. Mit dem Mädel haben wir alles probiert. Sogar meine Rezepte habe ich ihr geschenkt.«

»Recetti italiani?«

»Prego?«

»Risotto, Pasta ... Rezepte wofür?«

»Marmelade.«

»Sind Sie sicher?«, fragte Alberto.

»Naturalmente!«

Angus ergriff Mrs Vitiellos Hand. »Könnten Sie uns einige Beispiele nennen?«

»Wofür?«

»Mister MacDonald meint Marmeladen.«

»Kinder, das ist so lange her, dass ich mich kaum erinnern kann.«

»War eine mit Schinken dabei?«

»Pfui! Bitte habt Gnade, ich will noch zu Abend essen!« Mrs Vitiello sah MacDonald vorwurfsvoll an. »Auf solche Ideen können nur Engländer kommen.«

»Excuse me, wir befinden uns in Schottland!«

»Ist das Gleiche.«

»Niemals!«

»Angus, behalten wir unser Ziel im Auge?«

»Jaja, von mir aus.«

»Mrs Vitiello, meinten Sie wirklich Chiara?«

»Die gute Apolonia war es. Nein, doch Chiara. Ich möchte mich bei Ihnen entschuldigen, Mister MacDonald. Marmelade mit Pastinake, Mango und Rotwein ist ebenso skurril wie die Idee mit dem Schinken.«

»Worauf wollen Sie hinaus?«

»Dummerchen! Auch ich erfand extravagante Rezepte.«

MacDonald wollte diesen Punkt endlich geklärt haben. Das ginge aber nur mit einem sehr deutlichen Machtwort. »Wem haben Sie Ihre Rezepte denn nun überlassen, Apolonia oder Chiara?«

Mrs Vitiello beobachtete ein Taubenpärchen. »Ist doch nicht so wichtig, oder?«

Die Tür ging auf und der Pfleger trat mit kleinem Tablett ein. »Zeit für Ihre bunten Pillchen, Mrs Vitiello.«

»Redeten wir länger als eine halbe Stunde mit der Dame?«, fragte Angus während der Rückfahrt.

»Glaube ich nicht. Nette Frau.«

»Machst du einen Kalauer?«

»No, ich finde sie charmant.«

»Ihr Italiener achtet immer nur auf der Damen Aussehen!«

»Si, und du bist eingeschnappt, weil sie dich als Engländer bezeichnete.«

»Wie würdest du dich fühlen, wenn dich jemand als Österreicher tituliert?«

»Allora, Friuli gehörte bis zum Ende des Ersten Weltkrieges zu Österreich.«

»Dann eben als Schweizer?«

»Auf keinen Fall!«

»Siehst du.«

»Immerhin haben wir jetzt Chiaras Adresse.«

»Ja, sofern sich die Signora richtig erinnerte …«

»Fragen wir doch diese Chiara, ob sie die Rezepte der Großmutter bekommen hat.«

»Moment bitte, ich erhalte einen Anruf. Reginald?«

Alberto bleckte die Zähne. Schon wieder dieser Butler!

»Mein Dad? Ist gut, Reginald. Sagen Sie ihm bitte, dass ich in wenigen Minuten zuhause sein werde. Auf Wiederhören.«

»Malcolm MacDonald?«

»Mit Mrs Armour. In meinem Domizil!«

»Ihr Herr Vater und seine Verlobte befinden sich im Wohnzimmer. Der Uhrzeit gemäß wollte ich Sherry servieren, doch Ihr Senior zog Scotch vor.«

»Doch nicht aus meiner Bar?«

Reginald unterdrückte ein Schmunzeln. »Aber nein. Ihr Vater konsumiert aus eigenem Fläschchen. Irgendetwas vom Gefieder. Selbst das Glas lehnte er ab.«

»Sie sind Gold wert, Reginald.«

»Danke, Sir. Ich jäte Unkraut im Garten. Falls Sie meine Dienste benötigen, rufen Sie bitte.«

Angus öffnete die Tür ohne zu klopfen, was er bitter bereute. Missie Grissie saß auf Dads Schoß, wo es ihr sichtlich gefiel.

»Nur hereinspaziert. Wir sind alle erwachsen. Da muss keiner rot werden! Den Südländer hast du auch mitgebracht. Wenn der Pinguin zurückkommt, machen wir ein Antarktis-Festival.«

»Lebt hier ein Pinguin, Malc?«, fragte Miss Armour.

»Yes, dieser Ronald.«

»Reginald«, korrigierte Alberto.

»Ich verstehe noch immer nicht«, klagte Griselda.

MacDonald senior ballte die Fäuste. »Codename für Butler. Weil sie Fräcke anhaben. Anguslein, ich muss dir etwas erzählen.«

»Ihr Herr Vater wurde bedroht!«

»Grissie übertreibt wieder.«

»Wenn ich nicht zu Hilfe gekommen wäre!«

»Hier, schau mal!« Malcolm reichte seinem Sohn ein Foto.

»Ist das Jake Halliday?«

»Ay!«

»Warum liegt er in deinem Hof, Dad?«

»Ist in Ohnmacht gefallen. Wegen Grissies Eintopf.«

»Ledermensch hat eine schwerwiegende Knoblauchallergie.«

»Wir machen uns Sorgen, dass die Kerle bei dir auftauchen. Alleine wirst du kaum mit ihnen fertig. Falls sie angreifen, hältst du ihnen am besten die Aufnahme unter die Nase.«

»Damit er vor Scham vergeht und das Weite sucht?«

»Schlauer Junge!«

Griselda trat Malcolm gegen das Schienbein.

»Aua! Was soll das?«

Griselda formte mit den Fingern eine Raute.

»Irgendwo habe ich das schon mal bei jemandem gesehen«, sagte Alberto leise.

»Wir bieten Ihnen unsere Dienste an, Mister Angus.«

Der Gourmet musste lachen.

»Es ist kein Schabernack!«

»Verzeihung, Miss Armour. Fahren Sie bitte fort.«

»In meiner Heimat war ich Mitglied im Boxklub.«

Alberto rannte aus dem Zimmer, um einen konvulsischen Kicheranfall zu verbergen, wie Angus vermutete.

»Was hat das Italienerchen denn, Angus?«

»Nicht so wichtig. Miss Armour ...?«

»Meine Idee ist einzuziehen, um Ihre Sicherheit zu gewährleisten.«

MacDonald zitterte am ganzen Leib. »Oh, lieber nicht.«

»Wir haben es mit einer Bande raufwütiger Rüpel zu tun!«

En passant konnte sie dann auch wieder seine Ernährung überwachen! »Zu freundlich. Aber leider muss ich passen. Mein Haus ist geräumig. Doch mehr als zwei Untermieter lässt es nicht zu.«

»Angus MacDonald, das wird Ihnen noch leidtun!« Miss Armour drohte mit dem Zeigefinger und eilte ebenfalls aus dem Zimmer.

»Rennst du als Nächster aus dem Raum, Angus?«

»Nein, lass uns lieber einen trinken.«

»Das erste vernünftige Wort heute!« Malcolm führte seinen Flachmann dicht unters Auge und war noch nicht überzeugt. »Da hilft nur eines!« Er legte den Kopf nach hinten und hielt das Behältnis über den Mund.

»Dad!«

»Zier dich nicht so. Wir sind keine kleinen Mädchen. Nur so sehe ich, ob noch etwas drin ist.«

Angus öffnete die Bar und ließ einen gefälligen Blick darüber schweifen. »Wie wäre es mit Glenfiddich IPA-Finish?«

»Du bist unser Whisky-Experte, Sohnemann.«

»Schön, dann gieße ich ein. Was habt ihr mit Halliday gemacht?«

»Hä?«

»Ich gehe nicht davon aus, dass er noch gefesselt in deinem Hof liegt.«

»Quatsch! Hab' Wallace angerufen. Auf der großen Ladefläche von seinem Pichup konnte Jakie sich's gemütlich machen. So sind wir zum Rockertreff gefahren.«

»War jemand anwesend?«

»Na! Haben ihn vor der Tür abgeladen.«

»Ihr habt aber seine Fesseln gelöst?«

»Bin ja kein Unmensch! Fotos haben wir auch noch mal gemacht.«

»Halliday, gefesselt auf dem Pickup, vor seinem Vereinsheim! Er kam, um dich einzuschüchtern, Dad.«

»Der Schuss ging nach hinten los.«

»Meinst du, er sagte im Pub die Wahrheit über Sophie Tawse?«

»Typen wie ihm kann man viel vorwerfen. Aber Lügen gehört nicht dazu.«

»Das bedeutet definitiv, die junge Frau muss von Apolonia kein Geld erpressen.«

»Na!«

»Sie könnte aber, wie vormals erwähnt, andere Motive haben.«

MacDonald hatte es geschafft, telefonisch einen Termin mit Chiara Hope-Weir zu vereinbaren. Sie wohnte in Lauriston, unweit der Uni und direkt bei The Meadows, dem charaktervollen Park. »Nicht gerade die ärmste Gegend«, stellte Angus fest.

»Die Haustür ist offen. Gehen wir hoch?«, schlug Alberto vor.

MacDonald schwieg, musste sich aufs Treppensteigen konzentrieren. Chiara entriegelte die Tür, nickte, als er seinen und Albertos Namen sagte. Die junge Frau hatte große Ähnlichkeit mit ihrer Schwester. Aus der Nähe bemerkte man dann ein höheres Lebensalter und langen Raubbau am Körper. Sie wies gleichgültig zu ihrem Zimmer, das sich in erbarmungswürdigem Zustand befand: Hosen, Pullover, Socken, Schuhe, Damenunterbekleidung (!), flächendeckend auf dem Boden verteilt. Wenn irgendwo Kleiderschränke existierten, waren sie leer. Eine große Couch und zwei Sessel, staubbedeckt, erwarteten gierig neue Opfer. Alberto tastete bereits nach seinem großen Taschentuch. »Bitte, nehmen Sie Platz.«

Vitiello schauderte. »Vielleicht stehen wir lieber? Oder, Angus?«

»Ohnedies wird es nicht lange dauern, Miss Hope-Weir.«

Chiara ließ sich in einen Sessel fallen, der ächzend eine dicke, graue Wolke freigab. »Haben Sie was dagegen, wenn ich sitze?«

»Nein, Damen sollten in jedem Fall Platz nehmen.«

»Danke. Denken Sie bloß nicht, dass es hier immer so aussieht.«

»Aber nein.«

»Meine Mitbewohnerin und ich kommen im Moment einfach nicht zum Aufräumen.«

»Tja, solche Tage gibt es.«

Die junge Frau zündete sich eine Zigarette an. Weder Angus noch Alberto wagten es, Einspruch zu erheben. Mit dem ersten, gierigen Zug schien sie ruhiger zu werden. »Was wollen wir besprechen, Mister MacDonald?«

»Angus ist in Ordnung.«

»Woher haben Sie eigentlich meine Adresse?«

»Von Ihrer Großmutter. Waren Sie kürzlich beim Leither Treffen der Independence League?«

»Nö.«

»Im Cameo?«

»Sehe ich aus, als ob ich mir eine Kinokarte leisten könnte?«

»War Ihnen bekannt, dass Ihre Schwester zweimal niedergeschlagen wurde?«

»Nein, habe ich nicht gewusst.«

»Sie stehen nicht auf bestem Fuß miteinander?«

»Richtig, Mister. Das Leben meinte es nur mit ihr gut.«

»Von Gangstern bedrängt zu werden wie Apolonia, ist nicht schön.«

»Wer genug Kohle hat, kann alles ausgleichen!«

»Man kann nicht wissen, was Ihrer Schwester noch widerfährt.«

»Ehrlich jetzt? Sie meinen, dass jemand Apolonia umbringen will?«

»Malen wir den Teufel nicht an die Wand. Ihre Großmutter kochte früher gerne Marmeladen?«

»Schon möglich.«

»Hat sie Ihnen oder Apolonia Rezepte überlassen?«

»Was geht Sie das an?!«

»Mister Vitiello und ich haben es uns zur Aufgabe gemacht, die üblen Schläger aufzuspüren.«

»Ja, und weiter?«

»Strafen obliegt alleine der Polizei, falls Sie darauf anspielen.«

»Hat Apo Sie beauftragt?«

»Es ist mehr eure Mutter, die sich Sorgen macht, Signorina Chiara«, erklärte Alberto.

»Typisch. Sobald sich jemand ihrem Schätzchen nähert, wird sie zur Löwin! Dass Apo vielleicht selbst schuld ist an der Misere, darauf kommt keiner.«

MacDonald ließ sich nicht ins Bockshorn jagen. »Wer erhielt denn ursprünglich die Rezepte Ihrer Frau Großmutter?«

»Chiara.«

»Sie meinen sich selbst?«

»Sehen Sie hier noch eine zweite Frau meines Namens?«

»Nicht wirklich. Redeten Sie mit Ihrer Schwester über die Sache?«

»Reden, reden und reden! Das allseits bewährte Wundermittel! Sie sind nicht erst gestern zur Welt gekommen, oder?«

»Auch nicht auf der Milchsuppe dahergeschwommen«, sagte MacDonald.

»Was ist kaputt?«

»Nur so eine Redensart.«

»Okay dann! Die schlimmsten Menschen sind Lügner und Betrüger!«

»Gehört Apolonia Ihrer Ansicht nach dazu?«

»Alle stecken sie unter einer Decke. Mutter, Großmutter, die doofe Howatson! Kann die nicht mehr ab!«

Die junge Frau hatte sie sich so sehr in Rage geredet, dass man eine Ambulanz ernsthaft in Erwägung ziehen musste. Sie kratzte sich am großen Zeh. »Tschuldigung! Bin gleich wieder da.« Fünf Minuten später kehrte Chiara zurück, gefasster und zugleich noch aufgedrehter, falls so etwas möglich war. »Wo waren wir stehengeblieben? Rezepte, richtig? Großmama hat sie mir vermacht, zu Lebzeiten. Keine doofen Kopien. Nö, hat alles feinsäuberlich in einer Küchenkladde notiert. Das könnte euch jeder Geheimdienst bestätigen, Freunde. Fragt Mutter oder Apolonia, wenn ihr mir nicht glaubt. Hat einer von euch beiden zufällig einen Fünfziger übrig? Oder 'nen Zwanziger? Würde mich auch erkenntlich zeigen.« Sie schob ihr T-Shirt über den Bauchnabel.

»Nicht nötig, gnädige Frau«, antwortete MacDonald und legte eine Fünzigpfundnote auf den Tisch.

»Gnädige Frau? WOW, so hat mich noch keiner genannt.«

Beim Verlassen von Chiaras Bleibe hinterließ Angus unauffällig seine Visitenkarte. Es konnte sein, dass der jungen Frau etwas Wichtiges einfiel. Oder sie wollte einfach mit jemandem reden. Natürlich würde er auch finanziell noch einmal aushelfen.

»Ich hasse diesen Fall!«, stellte Alberto fest und trottete Angus hinterher, der seine Haustür aufschloss. Von der Küche war lautes Gerede zu vernehmen. »Nein, das macht er nicht. Soviel weiß ich schon.«

Reginald?

»Sind Sie absolut sicher?«

Mit Griselda Armour!

Angus gab seinem Freund ein stummes Zeichen zu folgen. »Was geht hier bitte vor sich?«

Butler und Vaters Freundin sahen schuldbewusst aus. Griselda hatte sich als Erste wieder im Griff. »Nicht, was Sie denken!«

»So, was denke ich denn, Miss Armour?«

»Um Sohnemann zu durchschauen, muss frau keine übersinnlichen Fähigkeiten besitzen.«

»Ich bin nicht Ihr Sohnemann! Wie oft muss ich das noch erklären?«

»Haben Sie kein einziges Mal getan!«

»Doch!«

»Sir, wenn ich bemerken dürfte, Miss Armour scheint mir eine sehr helle Person zu sein. Tadelloses Gedächtnis geht damit einher.«

»Es ehrt Sie, Reginald, einlenken zu wollen, obgleich nicht von Nöten. Sie beide scheinen sich zu kennen?«

»Nein, tun wir nicht!«, rief Miss Armour herrisch, damit niemand nachfragte.

»Dennoch haben Sie ein kleines Meeting?«

»Von wegen! Kurz geredet haben wir! Mister Reginald bat mich um einen Ernährungsplan.«

Angus' Gesicht verlor die Farbe. »Für wen, bitte?«

»Der wäre dann für meine Wenigkeit, Sir. Wie Sie wissen, gebe ich mich einem dezidierten Fitness-Programm hin und …«

»Mens sana in corpore sana! Jawohl!«

»… und dachte, es kann nicht verkehrt sein, auf gesunde Ernährung gleichfalls zu achten.«

»Wenn nur andere Menschen auch so vernünftig wären wie Sie, Mister Reginald!«

»Ist schon gut«, erwiderte MacDonald sauertöpfisch.

Miss Armour hatte das Haus verlassen und Reginald jätete wieder Unkraut im Garten.

»Faulheit kann man ihm nicht vorwerfen. Meinst du, Baxters Butler sind alle so strebsam?«, fragte Alberto in Angus' Küche.

»Wieso willst du das wissen?«

»Möglicherweise könnte ich Maria versöhnen.«

Der Gourmet war mit den Gedanken noch bei der Begegnung. »Du willst ihr ein Date mit Reginald vermitteln?«

»Natürlich nicht. Aber er könnte uns vielleicht vertreten.«

»Damit aus eurem lange geplanten Italien-Urlaub etwas wird?«

»Du weißt, wie nachtragend Damen sein können. Reggie verstaute übrigens etwas in deinem Tiefkühlfach.«

»Wann denn, bitteschön?«

»Als wir die Küche betraten.«

Angus schüttelte den Kopf, ging gemessenen Schrittes zum Kühlschrank und öffnete das Eisfach. In dem befand sich eine dunkle Styropor-Box, wie sie Pizza-Kuriere verwendeten, nur kleiner. »Was um alles in der Welt mag da drin sein?«

»Mach's auf, Angus. Es ist dein Kühlschrank.«

»Vertrauensbrüche begehe ich aus Prinzip nicht.«

»Soll ich mal schauen?«

»Danke, nein. Was erfuhren wir beim Gespräch mit Chiara Hope-Weir?«

»Vom Putzen hält sie nicht viel.«

»Ja, das war offensichtlich.«

»Drogensüchtig!«

»Ich fürchte, dem kam ich ebenfalls nicht widersprechen. Es wird auch der Grund sein, aus dem sie nicht so geschäftstüchtig ist wie ihre Schwester. Wie bekommen wir heraus, ob sie bezüglich der Rezepte aufrichtig war?«

»Fragen wir Apolonia.«

»Mit Verlaub, die junge Frau agiert nicht gerade kooperativ und kann froh sein, dass ich noch im Team bin.«

»Wen also?«

»Mutter Hope-Weir.«

»Muss das sein? Die Sache nimmt sie sehr mit.«

»Dann ist die Dame sicher froh, wenn wir die Schurken ausfindig machen?«

»Sisi«, erwiderte Alberto betrübt.

Angus schaute zum Kühlschrank. »Verstehen kann ich es nicht. Wer isst Tiefgefrorenes, wenn es frische Lebensmittel gibt!«

»Bei der Armour weiß man nie, was sie ausheckt.«

»Als sie mich im eigenen Hause drangsalierte, war unentwegt das Mantra frischer Kost zu vernehmen.«

»Kaum zu glauben, dass sie die Verlobte deines Dads ist. Na ja, Gegensätze ziehen sich an, sagt man.«

»Papperlapapp!«

»Prego?«

»Ständig diese Titel aufzuzählen, inflationär geradezu.«

»Was für Titel denn?«

»Verlobte, Sohnemann, Stiefmutter in spe. Man kann es nicht mehr hören.«

»Haha, jetzt weiß ich, woher der Wind weht. Du befürchtest, als Brautjungfer angefordert zu werden. Tritt das ein, kannst du dich immer noch vertrauensvoll an Richard wenden.«

»Reginald! Ich denke nicht, dass er der geeignete Mann wäre.«

»Sag das nicht. Die Chemie zwischen ihm und der Armour scheint zu stimmen.«

»Alberto, du siehst Gespenster!«

»Als ob es Zufall wäre, dass der Ernährungsschreck wieder auftaucht!«

»Ich bin mit einem zu eifrigen Geist geplagt …
Was für ein unruhiges Ding der Geist doch ist!
Welch Gegensätze sind in ihm vereint.«

John Barclay, Ende des 17. Jahrhunderts

Wird sich das Rätsel lösen?

Mutter Hope-Weir war nervös. MacDonald sah die Dame zum ersten Mal und konnte deshalb nicht beurteilen, ob es ihrem normalen Wesenszustand entsprach. Äußerlich war nichts zu beanstanden. In dunklem Rock, mit weißer Bluse und hochhackigen Schuhen hätte sie auf jeder Gala geglänzt.

»Darf ich euch etwas zu trinken anbieten? Tee, Kaffee?«

»Danke vielmals, Mrs Hope-Weir. Machen Sie sich keine Mühe.«

»Oder lieber einen Sherry? Ja, der wird uns guttun.« Sie ging zum goldenen Teewagen, nahm den Deckel der Kristallkaraffe ab und schenkte Sherry in drei Gläschen. »Salute, Signori.«

Der Gourmet hielt das Glas an die Nase, um sich ein erstes Urteil bilden zu können. Wie befürchtet: Die Spirituose hatte intensiv Feind Sauerstoff getroffen. Schicksal vieler Karaffen-Getränke!

»Guter Sherry«, sagte Vitiello, der höflichkeitshalber daran nippte.

»Wie geht es deiner Frau, Alberto?«

»Molto bene, grazie.«

»Was kann ich für euch tun? Du wolltest mir ja am Telefon nichts sagen. Alter Geheimniskrämer!«

Vitiello stellte sein Gläschen ab. »Wir haben mit Chiara gesprochen.«

»Ah. Wie geht es ihr?«

»Nun, ich, also …«

MacDonald wusste, wann Not am Mann war. »Sie meistert das Leben mit den Ressourcen, die ihr zur Verfügung stehen, beachtlich.«

Alberto nickte. Er bewunderte den Freund für seine diplomatische Sprache.

Mutter Hope-Weir schluchzte. »Ich würde Chiara so gerne unterstützen. Das müssen Sie mir glauben!«

»Aber natürlich, liebe Mrs Hope-Weir.«

»Leider verfüge ich nicht über genug Geld. Außerdem ist das Mädchen sehr stolz und die meiste Zeit unauffindbar.«

Wenn nicht eine erklärende Ursache angegeben wurde, sondern zwei oder gar drei, schöpfte MacDonald Verdacht: Ich konnte dich heute nicht treffen. Zunächst verlor ich meinen Schuh. Dann fiel der Bus aus. Als ich mich zu Fuß auf den Weg machte, stellte ich fest, das meine Brieftasche noch zuhause war. Die Devise »weniger ist mehr« galt nicht nur in der Architektur. Alberto schien dieses Problem nicht zu haben. Er setzte sich zu Mrs Hope-Weir auf die Couch und reichte ihr sein Taschentuch. »Wir wissen doch, was mit dem Geld geschehen würde, Elena.«

»Chiara machte«, hob MacDonald wieder an, den Fußtritt seines Freundes ignorierend, »so eine Bemerkung …«

»Was denn?«, fragte Vitiello ärgerlich.

»Sie sagte, alle außer ihr hätten kräftig abgesahnt.«

»Wer mag das sein?«, fragte der Italiener, damit seine gute Freundin es nicht tun musste.

»Chiara meinte vermutlich Apolonia, ihre Großmutter und Sie, Mrs Hope-Weir.«

Sie schnäuzte laut in Albertos Taschentuch. »Unser Mädchen ist in der Zwischenzeit nicht ordentlich geworden, oder?«

»Ich fürchte nein.«

»Ihre Bleibe in katastrophalem Zustand?«

»Leider ja.«

»So ist auch Ihr Verstand organisiert. Alles durcheinander. Lange Zeit schon wissen wir, dass das Kind nicht ernst zu nehmen ist.«

Schreckliches Statement einer Mutter!, dachte MacDonald, wusste aber auch, dass er als kinderloser Mensch vielleicht zu harsch urteilte.

»Meine Frau werkelt an einem Text«, sagte Keith Howatson. Um den Detektiven diese bedeutende Information besser vermitteln zu können, war er dem Wohnmobil entstiegen.

»Attenzione«, antwortete Alberto grantig, »sonst verletzt sie sich noch.«

»Nein, Sie verstehen nicht. Rona arbeitet.«

MacDonald entfernte sich von der Straße, hin zur Mitte des Bürgersteiges, denn der Verkehr war an diesem Nachmittag drastisch. »Es würde nicht lange dauern, Mister Howatson.«

Aus dem Wohnmobil war Poltern zu vernehmen.

Der Italiener triumphierte. »Nach geistiger Arbeit hört sich das kaum an! Besser, man sieht mal nach.«

Howatson wurde unsicher. »Entschuldigen Sie mich bitte einen Moment.« Er stieg die Stüfchen nach oben, öffnete die lukenähnliche Tür und verschwand im Innern des Wohnmobils. Zu hören waren dann allerlei Sprachfetzen: »Ja, nein, wieso denn, ach Gott, nein, nein, weiß-ich-nicht, von mir aus.« Wieder wurde die Tür geöffnet: »Meine Frau macht eine kleine Pause und ist bereit, sie mit Ihnen zu verbringen, aber nur kurz.«

»Sehr wohl«, antwortete MacDonald. Alberto folgte ihm wortlos.

»Hallöchen! Schön, dass Ihr zwei Hübschen mal reinschaut.« Beide Gentlemen drehten sich um. Man konnte nicht völlig ausschließen, dass die Tür noch offen stand und Freunde der Familie adressiert wurden. War es Mrs Howatson? Sie sah so aus, unverkennbar auch wegen zwei Kanönchen im Haar, weiß und blau. Doch womit hatten sie diese überschwängliche Begrüßung verdient? »Entschuldigt bitte das Kuddelmuddel. Keith missinterpretierte mich.«

Aberto steckte die Hände in die Hosentaschen. »Soll das heißen, Sie haben gar nicht lektoriert?«

»Hauptsache ist, dass Miss Howatson jetzt Zeit für uns hat, Alberto.«

»A-wob-boba-luba-awob-boom-bum!« Rona Howatson schwang das Tanzbein, was im engen Wohnmobil an eine artistische Meisterleistung grenzte.

MacDonald war hinreichend erschrocken.

»Tutti Frutti, oh Rutti!«

Ob sie ein Fan von Billy Connolly war? Der sprach die Songzeile in seinem Route-66-Roadtrip fürs Fernsehen auch so aus. »Es ist Ihr Bestreben, uns aufzuheitern, Mrs Howatson?«

»Little Richard.«

»Ich habe diesen ... Song natürlich schon früher einmal vernommen, bin aber mehr Genießer klassischer Musik und von Jazz.«

»Hätte man sich denken können.«

»Kennen Sie zufällig Emma Anderson?«

»Nein. Wer ist das?«

»Eine Whiskyexpertin, der ich während unseres letzten Falles begegnete. Sie singt für ihr Leben gerne.«

»Wie viele Fälle sind das denn im Jahr?«

»Fragen Sie mich etwas Leichteres.«

»Kann ich euch helfen?«

»Wir hatten Gelegenheit, eine Unterredung mit Mrs Hope-Weir senior zu führen.« Mrs Howatson wiegte den Kopf hin und her. Ihre Minigeschütze wackelten kräftig. Ob sie geladen waren? »Interessiert sie das Thema?«

Sie versuchte, freundlich zu lächeln.

»Es ging um Chiara.«

»Chiara Hope-Weir? Wir sollten nicht zu viel geben auf das, was sie sagt. Aber nehmen Sie doch bitte Platz.«

»Sprachen Sie schon einmal mit der jungen Dame?«

»Einmal, ja.«

»Darf ich fragen, worum es ging?«

»Marmelade. Chiara ist anders als ihre Schwester, unorganisiert, impulsiv.«

»Haben Sie Apolonia nicht auch so eingeschätzt?«, fragte Vitiello argwöhnisch.

»Wer? Ü-hüch?«

»Si!«

»Mister Vitiello, Sie verwechseln mich mit jemandem.« Die Verlegerin liebkoste ihren Dutt. »Was wollte ich sagen?«

MacDonald half aus: »Chiara ...«

»Richtig! Das Mädchen leidet unter Wahnvorstellungen, bildet sich ein, Apos Rezepte stammten von ihr.«

»So ähnlich hat sie es uns auch erzählt, Mrs Howatson. Chiara beklagt, dass sie kein Geld erhielt.«

»Darf ich fragen wofür?«

»Für die Rezepte der Großmutter!«, erklärte Alberto missmutig.

»Pardon! Aber müsste dann nicht die Oma Geld erhalten, und von wem überhaupt?«

Vitiello rechnete mit einer längeren Befragung, verschränkte die Arme. »Das fragen wir Sie!«

Keith Howatson, am anderen Ende des Fahrzeugs, machte sich mit einem Grunzlaut bemerkbar.

Seine Frau lächelte maliziös. »Unterstellen Sie, dass ich einem Familienmitglied Geld gab?«

»So erzählte Chiara es uns.«

»Mister Vitiello, ich bin nicht sicher, ob ich Ihren anklagenden Ton schätze. Aber von was für einem Etat sollte ich den Damen Geld geben? Das Buch ist noch gar nicht erschienen.«

»Für Autoren gibt es Vorschüsse …«

»Wir sind ein junger Verlag und …«

»Ja oder nein?«

»Zahlte ich Vorschüsse, dann sicher nicht an Mutter oder Großmutter einer Autorin. Waren Sie zu lange mit Chiara zusammen?«

Alberto hielt es nicht mehr auf seinem Stühlchen »Was soll das heißen?! Ich führe ein renommiertes Guest House im Herzen der Stadt!«

Howatson kam näher. »Meine Herren, Sie gehen nun besser.«

»Nein, Keith!« Die Kanönchen würden jeden Moment scharf schießen. »Das klären wir jetzt ein für alle Mal. Mach uns bitte ein Heißgetränk.«

»Ich möchte keines«, sagte Alberto.

»Spielt keine Rolle. Sie trinken trotzdem mit.«

MacDonald strich über das Revers seines Jacketts. »Mrs Howatson, ich darf Ihnen versichern, dass wir Sie keinesfalls verärgern wollten.«

»Pardon, Gentlemen, ich bin etwas konsterniert, weil Sie Chiaras Wort über meines stellen.«

Angus versuchte zu beschwichtigen. »Nein, bitte, das …«

»Ist schon gut. Sie sind private Detektive und tun nur Ihre Pflicht. Also, falls ich einen Vorschuss zahlen würde, dann sicher nicht an irgendwelche Verwandten. Zumal ich das pünktliche Erscheinen von Apolonias Buch bezweifle.«

»Wie sind Sie auf Apolonia als Autorin gekommen, Gnädigste?«

Ihre mühsam zurückgewonnene Fassade bröckelte bereits wieder. »Könnten Sie die Frage wiederholen?«

»Natürlich! So würde ich auch Zeit gewinnen!«

»Was haben Sie gesagt, Mister MacDonald?«

»Nichts. Verzeihung. In letzter Zeit rutschen mir Gedanken heraus, von denen nicht einmal ich wusste.«

Howatson setzte sich zu den drei Kombattanten und sagte grienend. »Meine Frau hält sich einen Literaturscout.«

»Du bist der beste, den man sich denken kann, Keith.«

»Sie machen für Ihre Gattin neue Autoren ausfindig, Sir?«

Howatson salutierte. »Jawoll!«

»Wo entdeckten Sie Miss Hope-Weir?«

»Stockbridge.«

»Auf dem sonntäglichen Markt?« MacDonald entschied, dass ihm diese Befragung zu schleppend vonstattenging und blickte Mister Howatson aufmunternd an.

»Kaufte alle Marmeladen, die sie präsentierte. Fuhr nach Hause. Rona und ich kosteten, waren euphorisch. Nächsten Sonntag gemeinsam hingefahren und mit dem Mädchen geredet.«

»Apolonia nimmt dieser Tage ja nicht mehr an Märkten teil. Ihre Begegnung fand also statt, als sie noch mit Marmeladen hausieren ging?«

»Wie können Sie es wagen!«

»Hausieren ist in meinem Verständnis nicht negativ. Alle Berufe sind auf ihre Art ehrenwert. Niemals würde ich mich für etwas Besseres halten, weil ich Autor bin.«

»Sie sind uns leuchtendes Vorbild, MacDonald.«

»Danke für die Blumen«, erwiderte der Gourmet, nicht schlüssig, ob er auf den Arm genommen wurde. »Die Rezepte stammen also nicht von der Großmutter?«

»Nein, Apolonias Rezepte gehören Apolonia«, sagte Keith Howatson sehr selbstgefällig.

»Fatzke«, stellte Alberto während der Rückfahrt fest. »Ich an deiner Stelle wäre nicht so ruhig geblieben.«

»Was soll man machen?« Angus bemerkte, dass im Lob leichter Vorwurf enthalten war, nach dem Motto, du hättest ihm die Meinung sagen sollen. Aber wozu? Keith Howatson war arrogant und würde es bleiben, was auch immer jemand zu ihm sagte. »Überzeugt dich, was die beiden über möglichen Geldfluss sagten?«

»Du meinst, ob außer Apolonia noch jemand in der Familie Geld bekommt. Ich denke ja.«

»Mir leuchtet ein, dass Verleger für Familienmitglieder kein Geld abzweigen.«

»Auch nicht, wenn es sich um ein wichtiges Projekt handelt?«

»Hör mir genau zu«, antwortete MacDonald. »Es ist sehr einfach. Ich erklär's dir.«

Alberto wollte protestieren, vielleicht sogar Copyright anmelden, weil das seine Formulierung war! Doch wenn der renommierte Autor ihn zitierte, war es als Kompliment zu verstehen.

»Wichtig sind Bücher für Verlage nur, wenn sie Geld einbringen. Das ist die traurige Wahrheit, mein Freund. Erstlingsautoren, die Vorschuss bekommen, haben Romane verfasst, keine Sachbücher. Auch dürfen wir nicht vergessen, dass der Verlag sehr neu ist und Mrs Howatson am Erscheinen des Buches zweifelt.«

»Du musst es wissen, Angus. Es ist nur, dass Chiara mir nicht wie eine Verrückte vorkommt. Sie lebt im Chaos und ist drogenabhängig, aber nicht bei Trost zu sein, sieht anders aus.«

»Hm, die Großmutter lebt in einem teuren Pflegeheim …«

»Die Kosten dafür können nicht von Mrs Howatson kommen.«

MacDonald begab sich mit einem Schlummertrunk ins Schlafgemach. Seitdem sein Haus sich zur Wohngemeinschaft gewandelt hatte, wollte Ruhe nimmer mehr einkehren. Selbst während seiner Studienzeit lebte er nicht mit anderen Menschen zusammen und nun das! Alberto und Reginald waren Gentlemen, natürlich. Doch erwachsene Menschen kamen mit Gewohnheiten und Vorlieben. Reginald konnte er am wenigsten vorwerfen. Der vollendete Butler reinigte seine Kleidung, schweißte sie ein, machte ihm das Breakfast, und hier war schon einer von vielen Hasen begraben: Alberto, als Italiener nicht eben Frühstücker von Gottes Gnaden, beanspruchte die Küche ebenfalls für sich, um Suppe für den nächsten Tag zu kochen (»Damit sie schön relaxen kann.«) und das Dinner vorzubereiten. Natürlich musste er zwischendurch auch Zugang zur Espressomaschine haben. (»Was wäre ein Italiener ohne seinen Kaffee?«) Man würde vielleicht nicht von Streithähnen sprechen, aber stumme Kontrahenten lag der Wahrheit nahe. Der Fall musste schleunigst geklärt werden! Sonst würde er den Abgabetermin für sein Buch doch nicht einhalten können. Bemerkenswert, dass Apolonia Hope-Weir zur selben Zeit wie er an einem Marmeladenbuch schrieb. Ob die Howatson das schon in Erfahrung gebracht hatte, bevor sie ihn beim Einkochen überraschte und überrumpelte? Es wäre ihr zuzutrauen. Aber mit welcher Intention? Sollte die Konkurrenz ihren Absatz fördern? Er nahm ein letztes Schlückchen Scotch, setzte seine Schlafmütze auf und knipste den Schalter am Nachttischlämpchen.

In der Nacht erwachte er, was höchst selten geschah. Tok. Tok. Tok. Es gelang ihm über eine kurze Distanz, das Klopfen in seinen Traum zu integrieren, bis der befremdliche Lärm überhandnahm! »Mister MacDonald, darf ich eintreten?« Reginalds Stimme. Wenn er ihm mitteilte, dass das Haus in Flammen stand, konnte für Selbstbeherrschung nicht garantiert werden. »Jawohl, Reginald, Sie dürfen.« Der Butler trug klassisch-gestreiften Pyjama und darüber einen dunklen Bademantel. So vertraut sah die Kleidung aus, dass MacDonald im ersten Moment dachte, er habe die Kleiderschränke verwechselt.

»Sir, ich bin untröstlich, Sie Ihrem verdienten Schlaf entreißen zu müssen.«

»Schon gut, Reginald. Sie können ja vermutlich nichts dafür. Was gibt es Dringendes?«

»Wir haben Miss Chiara Hope-Weir in der Leitung.«

»Bei allen passablen Scotch Whiskys! Kann das nicht warten?«

»Man bekam den Eindruck, eher nein, Sir.«

»Wenn ich am Morgen, noch vor meinem Vollbad, zurückriefe?«, fragte MacDonald dösig.

Der Butler schüttelte den Kopf, noch immer den Hörer mit der Hand bedeckend.

»Also gut, reichen Sie mir bitte den Apparat.«

Reginald sah ihn fragend an.

»War sonst noch etwas?«

»Soll ich im Flur warten, bis Sie das Gespräch beendet haben, Sir?«

»Weshalb denn?«

»Das Telefon aus Ihrem Hörkreis zu bringen.«

»Nein, danke. Ich lege es hier im Zimmer ab. Ein zweites Mal wird man uns bestimmt nicht den Schlaf rauben.«

»Ihr Wort in Gottes Ohr, Sir.«

»Gute Nacht, Reginald.« MacDonald wartete noch einen Moment, bis er völlig ungestört war. »Angus Thinnson MacDonald. Guten Morgen, Miss Hope-Weir. Wie kann ich Ihnen dienen, äh, ich meine helfen?«

Von der anderen Seite war keine Antwort zu vernehmen, zumindest keine sprachliche. Schluchzen? So tief, so traurig! »Hallo, ist da wer? Miss Chiara?«

»Sisi, ich bin da.« Gefolgt von einem kapitalen Schnäuzen. »Schlafen Sie schon?«

»Um ehrlich zu sein, pflege ich das um drei Uhr in der Nacht immer zu tun. Es sei denn, es gibt eine besondere kulinarische Begebenheit.«

»Was könnte das sein?« Wieder Schniefen.

»Ein Festmahl etwa.«

»Sie sind lustig.«

»Miss Hope-Weir, Sie rufen mich doch nicht an, um Smalltalk zu machen? Immerhin machten Sie Reginald Dringlichkeit deutlich. Eine grandiose Leistung.«

»Grazie, Signore.«

»Nun, was haben Sie auf dem Herzen?«

»Diese Howatsons …«

»Sie sind mit dem Ehepaar bekannt?«

»Hab' Ihnen erzählt, dass ich leer ausging. Da muss ich die beiden doch kennen!«

Nicht zwangsweise, dachte der Gourmet. »Fahren Sie bitte fort.«

»Sie wollen mich umbringen!«

»Mister Howatson hat eine gewöhnungsbedürftige Art. Aber ist umbringen nicht etwas drastisch?«

»Von wegen! Der alte Knacker hat's genau so zu mir gesagt. Tschuldigung!«

»Wofür bitte?«

»Sie sind auch nicht mehr der Jüngste. Wollte Sie nicht beleidigen.«

»Mein Alter bemerke ich besonders bei Gesprächen in der Nacht. Da wollen die kleinen grauen Zellen wie auch der Rest des Körpers schlafen. Keith Howatson trachtet ihnen also nach dem Leben?«

»Hören Sie mir überhaupt zu? Umbringen will er mich!«

»Das habe ich …«

»Was?!«

»Nicht so wichtig. In welchem Zusammenhang fiel diese Äußerung, äh, wann hat Howatson Ihnen das angedroht?«

»Vor zehn Minuten! Auf der Straße. Ich war noch ein bisschen unterwegs, um …«

Drogen zu beschaffen, ergänzte MacDonald im Geist für sich.

»Nicht was Sie denken! Konnte nicht schlafen und dachte, die frische Luft tut mir gut. Kurz vor unserem Haus lauerte er mir auf. Muss auf mich gewartet haben, derReckskerl!«

»Missverstehen Sie mich nicht, aber warum denken Sie, tat er das?«

»Ich hab' ihm Kopien von Großmutters Kochbuchkladde vor sein dämliches Wohnmobil geknallt!«

»Daran habe ich noch gar nicht gedacht«, sagte Angus.

»Was?«

»Die Zustellungsfrage, wenn jemand im Wohnmobil lebt.«

»Haben Sie schon mal was von Postfächern gehört?«

»Natürlich. Sie fertigten also Kopien der Kladde an?«

»Sie haben's verstanden. Er rief mich an, versprach, mit der Alten zu reden. Keine Ahnung, woher er meine Nummer hatte. Seine Telefonnummer gab es als Gratiszugabe. Wenn es mir mal langweilig würde, sollte ich ihn anrufen. Keith Howatson ist Edinburghs Partylöwe, sagte er über sich!«

»Er spricht von sich in dritter Person?«

»Sisi. Schräger Vogel. Hat sich aber nie gemeldet, um mir die Antwort von seiner Frau mit der Ulkfrisur zu geben!«

»Es sei denn, wir interpretieren den heutigen Vorfall als ein Nein. Wie viel Geld verlangten Sie denn?«

»Kein Vermögen!«

»Doch den genauen Betrag wollen Sie mir nicht sagen?«

»Nö. Berufsgeheimnis.«

»Sofern Sie aus dem Erpressen keine dauerhafte Tätigkeit machen, ist der Begriff Berufsgeheimnis unzulänglich.«

»Schnarch.«

»Sie sind auch müde, ja?«

»Nö, komme mir nur vor wie in der Schule. Wollen Sie wissen, was genau heute Abend passierte?«

»Unbedingt.«

»Der Mistkerl rammte mir die Faust in den Magen.«

»Um Gottes willen!«

»Dann hielt er mich fest und trat mir auf die Füße!«

»Sie bedauernswerte Person! Wie befreiten Sie sich?«

»Nasenstüber! Der hat ganz schön geblutet.«

Angus klammerte den Hörer fest. »Ja, und weiter?«

»Ich schrie wie am Spieß. Lichter in den Häusern gingen an.«

»Auch bei Ihrer Mitbewohnerin?«

»Sie unterbrechen ganz schön oft!«

»Pardon, junge Frau.«

»Schaffte es, ins Haus zu kommen und die Tür abzuschließen.«

Als MacDonald im Bademantel die Küche betrat, lieferten sich Reginald und Alberto einen stummen Kampf um jeden Zentimeter Fläche. Beide trugen ihre gewohnte Kleidung, Reginald sein Butler-Outfit und Alberto die große Küchenschürze mit Mussolinis Konterfei. Seine Tochter hatte sie ihm einst aus Italien mitgebracht. Keine Anhängerin des Duce, bezichtigte Danila ihren Dad ähnlicher Despotie. Er nahm die Anspielung mit Fassung und legte die Schürze gerne an. Im Hause MacDonald primär, um Reginald zu ärgern, der sich aus irgendeinem Grund angesprochen fühlte.

»Gut geschlafen, Sir?«

»Nur bis zu diesem ominösen Anruf«, antwortete der Gourmet in seltener Direktheit.

»Die junge Dame versicherte mir, dass es um Leben und Tod ginge. Ich hoffe, das war der Fall?«

»Ist schon gut, Reginald.«

»Richard hat mir davon berichtet«, erklärte Alberto.

»Ihr Bekannter meint mich, Sir.«

»Ich weiß.«

»Tee, Sir?«

»Sehr gerne.«

»Darf ich auch Ihren Porridge servieren?«

»Mit Wonne.«

Alberto machte sich an der Espressomaschine zu schaffen, die gurgelnde Geräusche von sich gab. Reginald brachte Tee und Porridge mit Dattelsirup. »Ich gehe kurz in den Garten, Sir. Rufen Sie mich bitte, falls ich nicht rechtzeitig zurück sein sollte.«

Vitiello sah ihm übel gelaunt hinterher. »Irgendwann muss er doch mal sämtliches Unkraut gejätet haben.«

»Wenn Blicke töten könnten, wärst du als Profikiller sehr erfolgreich.«

»Als ich heute Morgen die Treppe runterging, hörte ich ihn am Telefon jemandem von deinem nächtlichen Gespräch erzählen.«

»Woher weißt du das? An der Tür gelauscht?«

»Angus, es geht um unsere Sicherheit.«

»Entschuldigung, die hatte ich für einen Moment vergessen.«

»Scherz du nur. Ich traue dem Burschen nicht. Auch wenn er noch so viel um dich rumscharwänzelt!«

»Hast du vernommen, mit wem Reginald telefonierte?«

»No, denn er öffnete ruckartig die Tür. Angeblich, um nach der Post zu sehen. Wo jeder weiß, dass so früh am Morgen keine kommt!«

»Was hast du getan?«

»Meinen Schuh gebunden.«

»Detektivisch betrachtet ein sehr professionelles Ablenkungsmanöver.«

»Grazie. Allora, was wollte Chiara?«

»Sie denkt, dass Keith Howatson ihr nach dem Leben trachtet. Ob die junge Frau die Wahrheit sagt?«

Alberto nippte an seinem Espresso. »Wann treffen wir sie?«

»Ich habe ihr versprochen, mich zu melden.«

»Klären wir nun einen Fall auf oder nicht?«

»Ja. Doch heute Morgen muss und werde ich Marmeladen kochen.« MacDonald sah Reisebroschüren auf einem der Küchenstühle. »Für deinen Urlaub mit Maria?«

»Meine einzige Chance auf Versöhnung.«

»Darf ich den zweiten Gang servieren?«, fragte Reginald, der in die Küche getreten war. MacDonald nickte gefällig und Alberto rannte mit seiner Espressotasse aus dem Zimmer.

»Wohin des Weges?«

»Besorgungen machen!« Alberto knallte die Tür zu.

»Ihr Bekannter scheint mich nicht zu mögen, Sir.«

»Das gibt sich noch. Wie haben Sie es geschafft, lautlos in die Küche zu kommen?«

Reginald verbeugte sich. »Bitte vielmals um Verzeihung. Angewohnheit aus Armeetagen.«

Angus verbrachte einen glücklichen Morgen in der Küche, wo er zwei weitere Bitterorangen-Marmeladen zubereitete. Schwer lag in seinem Magen, dass er sich mit Chiara Hope-Weir verabredet, Alberto aber nicht informiert hatte. Das Mädchen spürte selbst übers Telefon seine Ablehnung: »Was muss geschehen, damit Sie mir glauben? Soll ich sterben?« Ausgeschlossen, das Treffen abzulehnen. Doch warum soll niemand dabei sein?, fragte er die Küche. Reginald stand im Sekundenbruchteil neben ihm: »Sie haben gerufen, Sir?«

»Nein, das ist ein Missverständnis.«

»In Ordnung. Dann sauge ich weiter die Teppiche.«

Wie konnte er mich bei laufendem Gerät hören?, fragte sich der Hausherr. Egal, ausnahmsweise würde er seiner Intuition folgen und sich die Kochbuchkladde der Großmutter ansehen, alleine.

RIIIIING!

Wieder die Haustür. Ob das nun der Briefträger war? Reginald, jünger als er und mit weniger Pfunden ausgestattet, war natürlich schneller und nahm das Paket entgegen. »Soll ich in Ihrem Auftrag quittieren, Sir?«

»Bitte, gerne, Reginald.«

Schwungvoll signierte der Butler im elektronischen Gerät und verabschiedete den Paketboten. »Habe ich etwas falsch gemacht, Sir?«

»Nein, es ist nur, dass ich immer drei Pfund Trinkgeld gebe.«

»Verzeihung, das wusste ich nicht. Wenn der Bote noch in Rufweite wäre …?«

»Das nächste Mal. Von wem ist die Sendung?«

Reginald blinzelte. »Crazy Jams. Von Miss Apolonia. Persönlich.«

»Lassen Sie uns das Paket öffnen.«

»Es ist an Sie gerichtet, Sir.«

»Macht nichts. Ich erteile Ihnen hiermit die Erlaubnis.«

»Wie Sie wünschen.« Reginald war das Unwohlsein anzusehen. Wie eine zu entschärfende Bombe trug er die Sendung in die Küche. »So, bitte sehr.«

»Wenn Sie so freundlich wären?« Angus konnte nicht entscheiden, ob der Mann wegen übertriebener Wahrung des Briefgeheimnisses so fahrig war oder weil er den Inhalt nicht sehen wollte. Reginald holte ein kleines Messer und fuhr damit an der Klebefolie entlang. »Das wäre es dann.«

»Bitte den Inhalt auf dem Tisch drapieren.«

»Natürlich! Warum nicht, Sir.« Er drückte die beiden Längsklappen nach unten und hievte einen kleinen, bruchsicher verpackten Gegenstand auf den Tisch.

»Marmeladengläschen wohl! Wären Sie so gut, es augenscheinlich zu machen?« Ins Licht der Küche trat Heidelbeermarmelade, weißer Deckel, rotes Band um das Glas. »Our Jack«, las Angus vor, »auf Großbritannien. Was ist denn, Reginald? Dachten Sie, wir bekommen einen Sprengsatz zugestellt?«

»Sir, die Zeiten sind nicht die sichersten, weder im Allgemeinen noch bei Ihnen. Darf ich an die schrecklichen Erlebnisse Ihres Vaters und seiner Verlobten erinnern? Ich plädiere nur für Vorsicht. Das war alles in der Sendung, Sir.«

»Ist keine Karte dabei?«

»Habe nichts gesehen.«

So langsam wurde sein Verhalten grotesk. »Besser, wir überzeugen uns gründlich.«

Sein Butler wühlte mit beiden Händen im Verpackungsmaterial. »Sie haben Recht. Hier bitte, Ihr Anschreiben. Ich entferne mich nun.«

»Nein, bleiben Sie bitte noch.« Der Gourmet öffnete den Umschlag: »Für Angus und Alberto, die beiden Meisterdetektive. Außerdem gegen alle Unabhängigkeitsfanatiker, wo auch immer sie herkommen und sich aufhalten!« Er schüttelte den Kopf. »Merkwürdige Nachricht. Finden Sie nicht, Reginald?« Sein Butler hatte unhörbar die Küche verlassen! Nicht nur in dieser Hinsicht war er ein Phänomen! Zur Abwechslung klingelte niemand an der Tür, sondern sein mobiles Telefon brummte, kämpfte sich fleißig an den Tischrand. »Angus Thinnson MacDonald, der Erste. Was kann ich für Sie tun? Nein, einen zweiten gibt es noch nicht. Miss Redpath, sind Sie es? Wenn

Sie beim fernmündlichen Gespräch Ihren Namen nicht nennen, dürfen Sie kaum erwarten, dass ich Sie sofort an der Stimme erkenne. Mein Alter hat gewiss nichts damit zu tun. Das Paket ist angekommen. Danke sehr. Mit denkwürdiger Grußkarte. Eine Karte, auf die man nette Grüße schreibt. In dem Fall ist es mehr ein obskurer Gruß. Sie legen sich vielleicht das neueste Fremdwörterlexikon zu … Gibt es sonst noch Fragen? Nein, eine Entschuldigung ist unnötig. Sie haben ja nichts Schlimmes gesagt. Natürlich erzählte ich Miss Hope-Weir nichts von unserer Konversation. Machen Sie sich keine Sorgen. Da ich Sie gerade an der Strippe habe … anderes Wort für Telefon. Kann man auch sagen. Kennen Sie Chiara Hope-Weir? Noch nie gehört? Danke Ihnen für den Anruf. Auf Wiederhören.«

Bestenfalls zehn Minuten hatte Angus friedlich in seinem Arbeitszimmer verbracht, als Höllenlärm eine Fortsetzung fand: Dudelsack im Garten! Er rollte mit seinem Stuhl ans Fenster. Reginald exerzierte über das Grundstück und spielte dabei die Marseillaise. Eine Meisterleistung, Mister Butler. Hut ab!

»Angus, bist du da drinnen?«

»Ja, Alberto. Tritt ein. Ich bin nur am Arbeiten.«

Vitiello rannte durch das Zimmer zum Fenster und strich sich mit dem Zeigefinger über den Nacken. »Er ist immer noch dran!«

»Kannst du Reginald von deinem Zimmer aus nicht sehen?«

»Doch, wieso?«

»Ich frage mich, warum du ihn bei mir beäugst.«

»Wollte wissen, ob du ihn auch identifizierst. Es hätte ja jemand anders sein können.«

MacDonald drückte sich die Hände auf den Kopf.

»Wetterfühlig, Angus?«

»So ähnlich.«

»Meinst du, das Getröte dauert lange?«

»Warum fragst du Richard nicht?«

»Gibt immer so komische Antworten, und heißt er nicht Reginald?«

»Weitere Gründe für deinen Spontanbesuch?«

»Wieder die französische Nationalhymne! Ich sage dir, mit dem Burschen stimmt was nicht.«

»Konkrete Anhaltspunkte?«

»Diese Gläschen in der Küche. Reggie ist ein Independence Man. Muss ihn mächtig ärgern, Union-Jack-Marmelade zu bekommen.«

»Die ist für mich.«

»Alte Allianz zwischen Schottland und Frankreich!«

»Du hast mich absolut verloren, Alberto.«

»Er will um jeden Preis Schottlands Unabhängigkeit, und Franzosen kommen ihm als Partner gelegen.«

»Geht es Maria gut?«

»Was hat meine Frau mit all dem zu tun?«

»Gar nichts. Entschuldige bitte, aber ich muss weiterarbeiten.«

»Naturalmente, Denker soll man nicht stören!«

»Ich wiederum verstehe nicht, weshalb im Crazy-Jam-Portfolio einfache Blaubeermarmelade auftaucht.«

»An Weihnachten gab der junge Severn mir zu Ehren ein großes Abendessen. Es sollte etwas Schottisches für mich sein. (…) Der große Haggis! Ein wahrer Häuptling im kaiserlichen Rom. (…) Es dauerte nicht lange, bis er auseinandergenommen und völlig derangiert war.«

Sir David Wilkie (1785 – 1841), Maler,
in einem Brief aus Rom an Miss Wilkie, 01.01.1827

Weltbester Haggis

Mittlerweile war MacDonald froh, alleine zum Gespräch mit Chiara gehen zu können. Eine kleine Exkursion würde ihn aufheitern. Sowie der Fall gelöst war, musste er mit Albertos Frau sprechen. Bereits beim letzten Verbrechen gegen authentisches Trinken war das der Fall gewesen. Blieb zu hoffen, dass der Ehesegen im Hause Vitiello eine Weile intakt blieb! Schließlich hatte er selbst Sorgen. Nach Aussage ihrer Sprechstundenhilfe war Karen bei einem medizinischen Kongress in Südengland. »In Cornwall, Mister MacDonald. Am anderen Ende der Insel.«

»Ich danke Ihnen für die präzise geografische Verortung«, hatte er geantwortet. Als ob er nicht wüsste, wo Südwestengland lag. Penzance zum Beispiel war ein hinreißender Ort.

Vor Chiara Hopes Haus stehend, hörte er jemanden herunterrennen. Viel zu hoch das Tempo, klackernde Absätze. Gab es niemanden mehr, der sich Zeit nahm? Er entfernte sich vom Eingang und stellte sich hinter ein Mäuerchen, drei Meter entfernt. Der Indoor-Jogger näherte sich. Zweites Obergeschoss, erstes, Erdgeschoss! Heraus kam: Keith Howatson, mit einer Tüte in der Hand. Inhalt: Kochbuch-Kladde wahrscheinlich. »Haltet den Dieb!«, hätte MacDonald für sein Leben gern gerufen. »Sir, wohin des Weges?«

Howatson war so verwirrt, dass er stehenblieb. »MacDonald, was machen Sie denn hier?«

»Das wollte ich Sie auch gerade fragen. Schöne Tüte haben Sie da.«

»Keine Zeit!«

»Ich schloss es bereits aus Ihrer horrenden Geschwindigkeit. Waren Sie bei Miss Chiara?«

Howatson trat einen Schritt auf MacDonald zu. »Geht Sie gar nichts an!«

»Ist die junge Frau zuhause?«

Howatson griff die Tüte fester und rannte davon.

»Auf Wiedersehen! Auch Ihnen einen schönen Tag und viel Erfolg beim Edinburgher Marathon. Diese Jugend von heute!« Erst jetzt bemerkte er, dass jemand am Schloss manipuliert hatte. Die Tür ließ sich nicht mehr schließen. Howatson, wer sonst! Entweder war niemand zu Hause oder er hatte das Überraschungsmoment gesucht. Keuchend und ächzend gelangte er oben an. Chiaras Tür war eingetreten worden, mit dem Fuß! An Howatsons Stelle würde er mit guten Schuhen vorsichtiger umgehen. Die Wohnung war ein Trümmerhaufen. Küche: sämtliche Schubladen aufgezogen, Geschirr zertrümmert am Boden. Chiaras Zimmer: alptraumhaft. Howatson hatte alles kurz und klein geschlagen und aus Wut noch den Küchenabfall verstreut. Suchte er außer der Kladde noch andere Dinge? Nur fünf Minuten früher und man hätte den Burschen auf frischer Tat erwischen können. Howatsons Tatort zu verlassen, war keine gute Option. Verflixt und zugenäht!

»Was machen Sie hier?«

Eine junge Frau, trotz kalter Jahreszeit im Unterhemd gewandet, freigelegte Haut durchtätowiert. Sie musste Chiaras Mitbewohnerin sein.

»Waren Sie in diesem Aufzug draußen?«

»Wir haben keinen Lift im Haus! Ich rufe die Polizei.«

»Machen Sie das.«

»Stehen bleiben!«

»Nichts anderes hatte ich vor. Darf ich fragen, wie Sie heißen?«

»Es spielt keine Rolle. Für einen Dieb sind Sie sehr ruhig.«

»Das liegt daran, dass ich keiner bin. Mein Name ist Angus Thinnson MacDonald.«

»Falls Sie nichts gestohlen haben, bleibt immer noch die Verwüstung unserer Wohnung. Haben Sie Chiara verletzt? Wo ist sie?«

»Das entzieht sich leider meiner Kenntnis, Miss Unbekannt.«

Sie lachte. »Ich heiße Leitch und Sie sehen gar nicht wie ein Vandalierer aus.«

»Danke für Ihr Vertrauen, Miss Leitch. Den Verwüster habe ich noch wegrennen sehen.«

»Wissen Sie, wer es ist?«

»Keith Howatson heißt der Mann.«

»Howatson?«

»Sagt Ihnen der Name etwas?«

»Er lauerte neulich Chiara auf.«

»Genau. Howatson hat eine Kladde aus der Wohnung entfernt.«

»Die Rezepte von Chiaras Großmutter!«

»Ich nehme es an.«

»So ein gemeiner Kerl!«

»Es liegt mir fern, Sie zu kritisieren. Aber wollten wir nicht die Polizei verständigen?«

»Ich mag die nicht besonders und verlasse mich auf das, was Sie sagen.«

»Sehr umgänglich von Ihnen. Ohne Anzeige wird Ihre Versicherung aber vermutlich nicht für den Schaden aufkommen.«

»Was denn für eine Versicherung?«

»Oh, das tut mir leid.«

»Richtig hart trifft es immer nur die Menschen am unteren Ende der Leiter!«

Zu gerne hätte MacDonald ihr einen großen Geldschein gegeben. Doch sicher hätte sie ihn entrüstet abgewiesen und noch die Polizei angerufen. »Wann sahen Sie Chiara zuletzt?«

»Als ich das Haus verlassen habe. Vor zwei Stunden.«

»Hatte Miss Hope-Weir heute etwas vor?«

»Nur das Übliche ...«

Beschaffen von Geld und anschließend von Drogen. »Ich verstehe.«

»Meinen Sie, wir finden Chiara?«

»Ich hoffe es, Miss Leitch.«

»Mein Gott! Hoffentlich ist ihr nichts zugestoßen.«

MacDonald hoffte, dass die junge Frau ihm nichts angemerkt hatte. Bezüglich des Verschwindens von Chiara war er alles andere als zuversichtlich. Mit Howatson war nicht gut Kirschen essen. Vielleicht hatte er das Mädchen an einen anderen Ort bestellt und umgebracht, weil sie die Kochbuch-Kladde nicht bei sich hatte. Selbst ein Berufsdetektiv begrüßte irgendwann den Feierabend und so würde er es nun auch machen. Zur Belohnung sollte es Haggis geben. Nicht irgendeinen, nein, Rehhaggis von Mister Findlay käme in den Kochtopf. Ob er damit Albertos Dinnerpläne durcheinanderbrachte, kümmerte ihn herzlich wenig. Er lustwandelte zum nächsten Taxistand, stieg in einen großen braunen Wagen. Der Fahrer drehte den Kopf halb zu ihm: »Wohin geht die Reise?«

»Auf nach Portobello, guter Mann.«

»Bestimmte Adresse?«

»Metzger Findlay!«

»Aha. Es wird guten Haggis geben.«

»Jawohl. Würden Sie mich bitte wecken, wenn wir eintreffen?«

»Miese Nacht gehabt?«

»Insgesamt eine schlechte Phase.«

»Alles klar. Machen Sie es sich gemütlich.«

Knapp dreißig Minuten später erwachte der Gourmet aus ohnmachtsähnlichem Schlaf. Der Fahrer erlaubte sich den Spaß scharf zu bremsen. Es war ihm nicht zu verübeln, hatte er doch vorher auf seinen Gast Rücksicht genommen. MacDonald warf einen gönnerhaften Blick auf das Geschäft. Findlay's of Portobello. Natural Meat Company. Blauer Schriftzug auf hellgelbem Grund, sich über den gesamten Eingang erstreckend. Ein fünf Fuß hoher Porzellanmetzger, weißes Hemd, blaue Schürze, stemmte die Hände in die Hüften und hieß Kunden willkommen. Die Bewertungen des Rehhaggis auf der Firmenwebsite sprachen Bände:

»Ich kann nicht genug davon bekommen!! Der beste Rehhaggis, den ich je hatte. Köstlich! Ich kaufe ihn nur bei Findlay's. Für gewöhnlich bestelle ich ein halbes Dutzend und lasse es nach Nordengland schicken, wo ich nun lebe.«

»Der neue Rehhaggis ist köstlich, sehr subtiler Geschmack. Nicht belastet mit zu viel Pfeffer wie manch anderes Exemplar der Konkurrenz.«

»Der beste Haggis, den ich je hatte! Meinen ersten Rehhaggis von Findlay's kaufte ich auf einer BBC Good Food Show und habe kein Problem damit, ihn zu preisen.«

Nicht immer entsprachen Internet-Rezensionen der Realität. Doch hier war es so. Freunde des gehobenen Fleischgenusses nahmen lange Wege auf sich. Ernährungsapostel machten einen weiten Bogen um den Shop. Frohen Mutes erwiderte Angus des Porzellanmetzgers Gruß und öffnete die Ladentür. Er sah zwei männliche Kunden und eine Dame, die wohl seiner Einbildungskraft entsprang, vorne in der Schlange. Aber warum bitte drehte sie den Kopf von ihm weg? Diese Verrenkung musste wehtun. »Ich möchte bitte zehn Rehhaggis.«

»Sie wissen, dass einer fast 500 Gramm wiegt?«, fragte der Metzger.

»Wühü, bitte?«

Wenn alle Menschen so leise redeten, musste die Lautstärke-Skala neu justiert werden, dachte MacDonald. Einer der Kunden drehte sich zu ihm, sodass er nicht sicher war, ob er den Gedanken ausgesprochen hatte.

»Fünfhundert Gramm«, fuhr der Metzger fort, »das entspricht zwei großzügigen Portionen, denn sie nehmen ja vermutlich auch Tatties und Neeps zu sich?«

»Zehnmal, bitte.« Die zweite Antwort war kaum lauter, gerade noch vernehmbar.

Nun gab es keinen Zweifel mehr! Griselda Armour, die Kreuzritterin gesunder Ernährung im Haggis-Tempel! Ein Glück, dass sie weder Berühmtheit noch Person öffentlichen Interesses war. Zwei, drei Fotos im Internet und die Karriere wäre kompromittierend beendet.

»Miss Armour, wie ungemein schön, Sie zu sehen.«

»Diese zehn Rehhaggis sind nicht für mich, Mister MacDonald, ein Freund, schwer krank«, stammelte sie.

»Soso. Woran leidet Ihr Bekannter denn?«

»Magen- und Darmproblematiken.«

»Da kommt gefüllter Schafsmagen zur Genesung unbedingt richtig! Wie ich sehe, gehen Sie portionsmäßig auf Nummer sicher.« Er zeigte auf ihre Tüte.

»Leider muss ich weiter. Wir sehen uns.«

Angus sah sie in ein entfernt geparktes Fahrzeug einsteigen. Missie Grissie besaß einen Wagen? Diese Geschichte wurde immer besser!

»Hallo, der Herr, Sie wären an der Reihe.«

»Dreimal Rehhaggis bitte.«

»Alle Welt liebt ihn heute!«

»Gefüllter Schafsmagen! Ich bin nicht begeistert von deinem Einkauf«, sagte Alberto und wiegte Haggis in den Händen.

»Das ist keine Melone, Alberto.«

»Prego?«

»Unser Haggis ist sozusagen reif, muss nur noch erhitzt werden.«

»Als Hauptgang sollte es schönen Risotto geben.«

»Mit frischen Ingredienzen?«

»Amico, in meine Gerichte kommen nur die besten Dinge.«

»Meine Frage zielte eher darauf ab, ob Zutaten enthalten sind, die noch heute verarbeitet werden sollten, wie etwa Pilze.«

»No, klassischer Risotto.«

»Unser Haggis wurde mit Wild zubereitet.«

»Davvero? Wirklich?«

»Eine Spezialität, selbst für den großen Haggis-Meister Findlay.«

»Aus Portobello?«

Es war nun gewiss, dass Alberto angebissen hatte. »Ja.« Jedes weitere Wort hätte die Beibehaltung des alten Speisezettels bedeutet.

»Soll ich auch Neeps und Tatties machen?«

»Gerne, und ich kredenze uns schönen, vollmundigen Rotwein.«

»Wird dieser Butler mitessen?«

»Als Schotte ist es seine Pflicht, würde ich sagen. Wobei er vermutlich nicht mit uns fraternisieren möchte.«

»Fragst du ihn?«

»Kann ich machen, ja.« Angus ging nach oben, und bereits einige Meter vor der Tür hörte er gälischen Sprechgesang. So sehr er die Sprache mochte, Reginalds Rezitation hörte sich gefährlich an.

»Guten Abend, Sir. Was kann ich für Sie tun?« Rapide hatte der Butler die Tür geöffnet.

»Mister Vitiello und ich möchten Sie zum Essen einladen. Wir nehmen Rehhaggis zu uns.«

»Mit Neeps und Tatties?«

»Ja.«

»Besser nicht.«

»Sind Sie sicher?«

»Miss Armour würde es nicht gutheißen.«

»Wenn Sie das so einschätzen.« Angus ging wieder nach unten und erstattete Rapport. »Klares Nein.«

»Dachte ich mir. War sonst noch etwas?«

»Wie zum Beispiel?«

Vitiello hievte die Kartoffeln ins sprudelnde Wasser. »Grässlicher, gälischer Sprechgesang.«

»Du hast ihn von der Küche aus gehört?«

»Im Moment nicht. Aber bevor du nach Hause kamst, dröhnte und schepperte die Liturgie ununterbrochen.«

»Soll das heißen, dass er seine Musik nur laut spielt, wenn ich das Haus verlasse? Das schiene mir dann Zufall zu sein.«

Der Italiener platzierte die Rübenstücke liebevoll in einem zweiten Topf. »Nimm Butlerchen nur wieder in Schutz. Glaub mir, er probt für den Ernstfall.«

»Loslösung von England?«

»Precisamente! Genau!«

»Wirst du den Haggis nicht aufwärmen?«

»Mikrowelle«, erwiderte Alberto fachmännisch.

»Hm.« MacDonald war kein großer Anhänger des Gerätes, hatte es nur angeschafft, damit Alberto ihm nicht mehr damit in den Ohren lag.

»Könntest du den Tisch decken? Alles außer den Tellern, bitte. Du willst mir nicht glauben, aber um Geschirr warm zu bekommen, ist eine Mikrowelle perfekt. Ohne sie könnte ich nicht mehr leben.«

»Man fragt sich, wie die Gastronomie zuvor über die Runden kam«, murrte MacDonald.

»Herd. Was sonst?«

In der Nacht schlief MacDonald nicht allzu tief. So gut schmeckte ihm der Rehhaggis, dass er zu viel verspeiste. Fleisch mit Kalbsnierenfett und gemahlenem Hafer war eine mächtige Mischung, und nicht einmal Digestifs hatten eine Chance, sie aufzulösen. Man sollte meinen, dass Glenfarclas in Fass-Stärke sein Werk verrichtete. Aber nein, chancenlos blieb auch er, schien sich sogar zum Feind zu gesellen. So konnte der Gourmet am nächsten Morgen keineswegs sagen, ob die Stimmen in Reginalds Zimmer echt oder der Regie eines Traumes geschuldet waren. Nachdem er seine Toilette beendet und sich angekleidet hatte, begab er sich in die Küche, wo wundersamerweise nur Alberto zugegen war. »So alleine, Signore?«

Vitiello saß mit seinem Espressokännchen am Tisch und reichte ihm kommentarlos eine Nachricht.

»Was ist das?«

»Lies einfach, bitte.«

»Werter Mister MacDonald, man hat mich überraschend zu einem Notfall gerufen. Es wird mir deswegen leider nicht möglich sein, Ihr Full Scottish Breakfast zu kochen. Erklärt sich Ihr Freund eventuell bereit, in die Bresche zu springen?«

»Typisch!«

»Was denn, Alberto?«

»Er denkt, ich sei nicht fähig, euer Frühstück zuzubereiten!«

»Unser Frühstück?«

»Das schottische eben! Aber da täuscht er sich.«

»Ich bin nicht sicher, ob ich nach dem Dinner in der Lage bin, ein Full Breakfast zu mir zu nehmen.«

»Was soll das überhaupt heißen? Notfall? Dieser Richard ist kein Arzt!«

»Auch in anderen Lebensbereichen kann es zu Krisen kommen.«

»Jaja! Natürlich! Kann ich deinen Haferbrei servieren?«

Angus saß noch am Küchentisch, konnte sich kaum regen. »Müssen wir bereits los?«

»Excusa, du selbst hast vorgeschlagen, die Howatson-Frau zur Rede zu stellen.«

»Weiß ich.« Ob hochwertiger Essig Linderung brachte?

»Komm schon. Ich muss später noch Einkäufe machen.«

MacDonald salutierte. »Zu Befehl, Sir! Können wir deinen Wagen nehmen?«

»Fühlst du dich unwohl? Doch nicht wegen meines Frühstücks?«

»Nein, nein. Wie kommst du darauf?«

»Hätte mich auch gewundert.«

»Nun?«

»Sisi, wir nehmen den Volvo. Du kannst heute größere Beinfreiheit gebrauchen! Warum hast du auch so viel gefüllten Schafsmagen weggeputzt?«

»Das sagst du gerne, nicht wahr?«

»Prego?«

»Gefüllter Schafsmagen anstatt Haggis, wie der Rest unserer schottischen Welt.«

»Ist das Gleiche, oder? Sind wir gereizt?«

»Entschuldige bitte, mein Freund. Du hast Recht. Ich gehe nach oben, mein Jackett zu holen.«

»Bene! Wir treffen uns draußen. Beeile dich.«

Die Mussolini-Küchenschürze fand ihre Berechtigung! MacDonald drückte die Hand auf den Mund, um bedrohliches Aufstoßen zu unterbinden.

»Angus! Wie lange dauert das noch?«, rief Vitiello von unten.

»Ich ziehe es vor, meinen Gesprächspartner zu sehen, und dem Brüllen über Stockwerke hinweg kann ich nichts abgewinnen.«

»Was ist los?«

Angus sagte nichts mehr, ging einfach weiter.

»Endlich!«

»Vermutlich wirst du mein schneckengleiches Tempo mit rasantem Fahrstil ausgleichen müssen.«

Vitiello drückte das Gaspedal, wann immer möglich, und so gelangten sie in Rekordzeit bei Mrs Howatson an. In ihrem Wohnmobil wehklagte jemand auf erbarmungswürdige Weise.

»Willst du mal klopfen, Angus?«

»Gibt es einen Grund dafür, dass die Ehre mir gebührt?«

»Nein? Dann mache ich es.« Der Italiener klopfte sanft, aber hörbar an. »Hallo, Mrs Howatson, sind Sie zuhause?« Das Schniefen ließ etwas nach, doch die Tür öffnete sich nicht. »Was machen wir, Angus?«

»Hier sind die Herren MacDonald und Vitiello. Wir würden gerne mit Ihnen reden, wenn es möglich wäre?«

Schnapp-schnapp. Die Tür wurde entriegelt. Alberto ließ seinem Freund den Vortritt: »Du verträgst dich besser mit ihr.«

»Dass ich nicht lache!«

»Hallo, ist da wer?«, rief Mrs Howatson.

»Ja, Angus MacDonald und Alberto Vitiello.«

Mrs Howatson trug einen weißen, bodenlangen Bademantel. In der Hand hielt sie ein Kästchen mit Papiertaschentüchern. »Sie sind's«, sagte sie trübselig und schleppte sich zu ihrem Sessel zurück. Die Behausung war unordentlich. Manuskripte und Kartoffelchipstüten lagen auf dem Fußboden. »Bitte die Türe schließen. Heutzutage kann man sich seines Lebens nicht sicher sein.«

»Das können Sie laut sagen!«, erwiderte MacDonald.

»Wenn Sie ein Getränk oder Eiscreme möchten, bedienen Sie sich bitte.« Sie zeigte zum Kühlschrank. Auf dem Tischchen vor ihr stand eine leere Familienpackung Vanilleeis.

»Vielleicht etwas später. Mrs Howatson, wie geht es Ihnen?«

»Ist das nicht offensichtlich? Keith ist verschwunden!«

»Haben Sie eine Vorstellung, wo er sich aufhält?«, fragte Alberto.

»Dann wäre ich kaum so freudlos. Typisch, solche Fragen stellen nur Männer!«

»Nicht unbedingt …«

»Alberto, ich denke, wir müssen das nicht ausführen. Mrs Howatson, ich begegnete Ihrem Gatten unlängst.«

»Gott sei Dank! Geht es ihm gut?«

»Sicher bin ich mir nicht. Er kam aus Chiara Howatsons Haus gestürmt, mit einer Plastiktüte.«

»Fabelhaft.«

»Bitte?«

»Ich freue mich, dass es ihm gut geht, wollte ich sagen.«

Wann es war, fragte sie nicht. »In der Tüte befand sich eine Kladde. Privates Kochbuch vielleicht?«

»Erleuchten Sie mich Verlegerin, worum es sich handelt.«

»Notizbuch, in das man eigene Rezepte schreibt.«

»Das bezeichnen Sie als Kochbuch? Muss einem ja gesagt werden.«

MacDonald war zu Spitzfindigkeiten dieser Art nicht bereit. »Chiaras Wohnung befand sich in großer Unordnung.«

»Unser Mädchen ist drogenabhängig!«

»Sie verstehen nicht. Die Behausung wurde verwüstet.«

»Ich war es nicht«, erwiderte Mrs Howatson in der Attitüde eines kleinen Mädchens.

Alberto konnte dieser Hakelei nicht länger zuhören. »Aber Ihr Mann!«

»Mister Vitiello, Sie sind bestimmt ein Gentleman alter Schule, mit Manieren und allem Drum und Dran. Aber damit überspannen Sie den Bogen.«

»Erlauben Sie mal! Ihr Keith war unmittelbar zuvor in der Wohnung.«

»Kein Beweis dafür, dass er alles kurz und klein geschlagen hat.«

»Common Sense sage ich nur!«

»Infame Anschuldigung antworte ich!«

MacDonald breitete seine großen Hände auf den Knien aus. »Meine Lieben, wir müssen unser Gespräch nicht überhitzen.«

»Einverstanden«, meinte Rona Howatson.

»Alberto?«

»Von mir aus.«

»Schön«, fuhr MacDonald fort. »Halten wir fest: Ihr Gatte ist verschwunden. Chiara Hope-Weir ebenfalls. Nach dem Verschwinden Chiaras betrat Mister Howatson ihre Wohnung.«

»Reihen Sie nur Ihre Sätze zu einer suggestiven Abfolge!«

»Könnte es möglich sein, dass Ihr Mann Apolonia zweimal aufsuchte und verletzte?«

»Als Sie mein Domizil vorhin betraten, freute ich mich sehr. Dann behaupteten Sie, dass Keith eine Wohnung verwüstete und nun das. Kräftiger Tobak! Finden Sie nicht?«

»Wir ermitteln in einem Kriminalfall.«

»Worum niemand Sie bat!«

»Da irren Sie sich«, sagte Alberto.

»Apolonia war es jedenfalls nicht.«

Angus strich über sein Jackett. »Sie sollten unsere Fragen nicht so persönlich nehmen.«

»Wie denn sonst? Sie beschuldigen Keith gleich dreier Straftaten.«

»Ich muss leider wiederholen: Fragen, wir stellen Fragen.«

Mrs Hope-Weir zeigte auf Alberto. »Der da macht fiese Aussagesätze.«

»Er meint es nicht so.«

»Tue ich doch!«, setzte Vitiello nach. »Sie mischen sich in die Geschäfte Ihrer Autoren ein.«

»Könnte man ein Beispiel bekommen?«

»Was geht Sie Apolonias Shop an?«

»Von Beruf sind Sie Bed and Breakfast Man, richtig? Haben Sie mehr als fünf Zimmer?«

»Sieben Gästezimmer! Unsere Räume nicht mitgerechnet!«

»In denen läuft ja momentan nicht so viel?«

Albertos Halsadern schwollen an und MacDonald befürchtete das Schlimmste. »Ich warte im Wagen auf dich, Angus!« Bevor der Italiener das Wohnmobil verließ, drehte er sich noch einmal um. »Immerhin ist meine Frau keine Schlägerin!«

»Mein Freund handelt nicht immer derart ungezügelt, Mrs Howatson.«

»Gibt es weitere Fragen für mich?«

Natürlich! Aber passable Antworten würde er nicht erhalten. »Nein, Mrs Howatson. Vielen Dank. Ich wünsche Ihnen, dass der Gatte munter und bald auftaucht. Wenn ich etwas tun kann, lassen Sie es mich bitte wissen.«

»Danke. Niemals würde ich ein Verbrechen gutheißen. Das dürfen Sie mir glauben!«

»Los geht's! Alle jetzt! Fliegen soll dieser Felsen
von seinem festen Grund, und ich mit ihm!«

Sir Walter Scott: »The Lady of the Lake«

Ernährungsberaterin im Einsatz!

»Was macht Sie so sicher, dass der Angriff heute erfolgt, Miss Armour?«

Griselda krempelte ihre Poylacrylpulloverärmel hoch. Schon fünf Minuten zuvor hätte sie das tun sollen, denn handwerkliches Arbeiten erforderte Extremitätenfreiheit. »Sehr einfach, Reginald. Man warnte uns.«

»Sie und Ihren Gatten?«

»Malci und ich haben noch kein Aufgebot bestellt.«

»Interessant. Darf ich fragen, wo sich Mister MacDonald senior aufhält?«

»Im Flur. Planen auszulegen.«

»Ich fühle mich etwas unwohl bei der Sache. Immerhin zweckentfremden wir meines Dienstherrn Küche. Vom Rest des Hauses ganz zu schweigen.«

»Jaja, schon gut! Die Verantwortung liegt bei mir. Den nächsten Haggis, bitte. Wir haben noch gehörig Arbeit vor uns.«

Reginald zog einen Haggis aus der Mikrowelle und übergab ihn dieser resoluten Dame von den Orkneyinseln. Sie griff mit beiden Händen zu und drückte die Daumen darauf. »Wann tauten Sie auf?«

»Gestern Abend, unmittelbar nach Ihrem Anruf.«

»Nur der Daumentest zeigt mir, ob die Temperatur stimmt.« Missie Grissie hielt ihm den Haggis unter die Nase. »Sehen Sie meinen Abdruck?«

»Ja«, erwiderte Reginald unschlüssig, »ich glaube schon.« Er bezweifelte, dass es eine Rolle spielte, wusste aber, dass Miss Armour gerne das letzte Wort behielt. »Warum haben Sie selbst noch Haggis mitgebracht?«

»Vorsicht ist die Mutter der Porzellankiste, wie wir Diplom-Oecotrophologinnen wissen.«

»War der Daumentest Bestandteil Ihrer Ausbildung?«

»Nein, dieses Wissen eignete ich mir im Eigenstudium an.«

»Geradezu enzyklopädisch, wie Sie vorgehen.«

»Haggis bitte. Keine Müdigkeit vorschützen.«

MacDonald senior trat in die Küche. »Sag bloß, ihr seid immer noch dran?«

Griselda nickte in Richtung des Butlers, der vorgab, nichts mitzubekommen. »Wo sind die Mini-Christmas-Cakes?«

Malcolm schlug sich die Hand an die Stirn. »Im Wagen.«

»Beeilung, Malc!«

»Zu Befehl, Colonel!«

Der Butler lachte.

»Wie ich sehe, besitzen mein Verlobter und Mister Reginald den gleichen Humor!«

»Verzeihung, Miss Armour.«

Sie legte den Kopf schräg. »Eventuell bringen Sie es über sich, ihm beim Tragen zu helfen?«

»Sehr gerne, Madame.« Reginald eilte aus der Küche, noch immer hoffend, dass »die Aktion« vor Mister MacDonalds Frühstück abgewickelt werden konnte. Wie sein Hausherr hasste er es, Routinen zu unterbrechen. Als er an der Haustür angelangte, kehrte der Senior bereits zurück, eine prall gefüllte Plastiktüte in jeder Hand. »Das ging aber schnell, Sir.«

»Sagen Sie das mal unserer Femme fatale.«

»Das habe ich gehört«, rief Griselda durch die geschlossene Küchentür.

»Unglaublich«, antwortete MacDonald senior.

»Nein, nur gutes Gehör, Malci.«

»Darf ich Ihnen etwas abnehmen, Sir?«

»Na! Aber den Verschlag aufmachen, wenn's geht.«

»Avec plaisir.« Reginald öffnete die Tür und ließ ihn eintreten.

»Dass ich das noch erleben darf!«, zeterte Miss Armour.

»Drängel doch nicht immer so, Grissie.«

»Es geht um Leben und Tod, Malc! Stellt die Tupperware auf den Tisch und nehmt die Deckel ab!« Sie testete den nächsten Haggis, nickte und legte ihn zu den anderen auf dem Tisch. Reginald hatte vorsorglich Wachsdecken ausgebreitet, damit das Holz keinen Schaden litt. »Reginald, kleines, spitzes Messer!«

Der Butler holte ein Minimesser aus der Besteckschublade. »Hier, bitte sehr, Miss Armour.«

»Mit dem Ding soll ich Haggis anritzen? Es schneidet höchstens warmes Wasser.«

»Da irren Sie sich. Es ist unser aller Lieblingswerkzeug und in täglichem Gebrauch.«

Griselda schickte sich an, die Spitze gegen den Zeigefinger zu drücken.

»Das würde ich nicht tun, Miss Armour!«

»Meine Güte, macht ihr ein Theater!« Malcolm riss ihr das Messerchen aus der Hand und schnitt einen Haggis an.

»Doch nicht so, Malc!«

»Wollte dir nur zeigen, dass es scharf genug ist.«

Sie nahm das Messer und ritzte ein kleines, formvollendetes Andreaskreuz in den gefüllten Schafsmagen. »So macht man das. Nicht zu tief, aber auch nicht zu ängstlich.«

Malcolm sah auf seine Armbanduhr. »Wir liegen sehr gut in der Zeit.«

»Planung ist die Mutter jeder guten Aktion«, erklärte Reginald.

»Sie haben alles verstanden«, meinte Miss Armour belobigend.

»Darf ich fragen, was hier vor sich geht?« Angus war in die Küche getreten und blickte in drei perplexe Gesichter. »Niemand?« Er zeigte auf seinen Butler. »Reginald, wollen Sie mir Aufklärung verschaffen? Wo ist Alberto?«

»Er wollte Einkäufe machen, weil am Nachmittag etwas ansteht.«

»So?« Es war schön, dass die beiden sich etwas angefreundet hatten.

Griselda Armour strich die Polyacrylpulloverärmel nach unten und erhob sich.

»Wir haben die sehr begründete Vermutung, dass dieses Domizil attackiert wird.«

»Von wem? Indianern?«

»Pennälerspäßchen bringen uns nicht weiter.«

»Dad …?«

»White Demons.«

War es eine Comedy-Nummer von *Radio Four*? »Bitte, und weiter …?«

»Mister MacDonald!« Griselda Armour versuchte, schaurig dreinzuschauen, was nicht richtig funktionierte. »Gerne sind wir bereit, Ihnen nach erfolgreichem Gefecht alles haarklein zu erzählen.«

»In Ordnung«, sagte der Gourmet.

Miss Armour glaubte, sich verhört zu haben. »Sie sind einverstanden?«

»Nur wenn es Ihnen behagt. Aber ist es ein geeigneter Moment, um verderbliche Lebensmittel auf dem Küchentisch auszubreiten?«

»Haggis und Mini-Christmas-Cakes werden uns gute Dienste leisten, Mister MacDonald.«

»Jetzt bin ich im Bilde. Wir verspeisen alles und treten dem Feind gestärkt gegenüber. Walten Sie bitte Ihres Amtes, Miss Armour.«

Sie verbeugte sich leicht. »Nicht mehr lange und die Mächte der Finsternis greifen an.«

»So wie in ›Der Herr der Ringe‹«, sagte Malcolm.

»Ruhe, bitte, Ruhe!«

»Ist ja schon gut.«

»Gentlemen, letzte Warnung. Kehrt keine Disziplin ein, gehe ich von dannen.«

MacDonald hob den Arm, schnipste mit dem Finger. »Miss Armour. Beruht Ihre Defensive auf den Säulen der Ernährungskunst?«

»Man kann es durchaus so sagen. Meine Herren, darf ich bitten?«

Die drei Männer sahen sich ratlos an.

»Jeder greift sich eine Tüte, füllt sie mit Mini-Christmas-Cakes und hängt sie über die Schulter, außerdem zwei Haggis für jeden Teilnehmer. Oberste Sorgfalt ist geboten, damit nichts herausquillt. Auf die flache Hand gelegt, Schnittstelle nach oben.« Miss Armour hievte zwei Haggis auf die Hände, mustergültig, wie die Lehrerin einer Gymnastikschule, blickte in die Runde, und alle Anwesenden nickten.

»Mir nach ins Gefecht!«

Malcolm griff als Erster zu, dann Reginald und Angus.

»Verehrte Anwesende, zur guten Verteidigung gehört die Besetzung des Terrains.«

»Stimmt«, sagte Reginald. »Wie aus dem Lehrbuch für Strategie.«

»Komplettiert durch Waffen der Ernährung. Vier Personen für drei Stockwerke. Mister Angus, wollen Sie das zweite Obergeschoss übernehmen?«

All die Treppen nach oben steigen! »Darf man erfahren weshalb?«

»Höhenwurf führt zur Zunahme des Aufprallgewichtes.«

»Ich dachte schon, Sie halten mich für einen miserablen Werfer!«

»Malcolm, du vielleicht im ersten Obergeschoss?«

»Nur über meinen Wochenvorrat an Whisky! Ich halte hier unten mit Reggie die Stellung.«

»Reggie bin ich?«, fragte der Butler.

»Genau, Kumpel!«

»Einverstanden«, sagte Miss Armour. »So, machen wir es.«

»Wird es ein allgemeines Zeichen zum Angriff geben?«, wollte MacDonald wissen.

Griselda Armour nestelte unter ihrem Polyacrylpullover und zauberte eine Trillerpfeife hervor, wie Sporttrainer sie benutzten. »Einmal gepfiffen bedeutet, sie sind im Anmarsch, zweimal heißt Haggis schleudern.«

»*Haggis Hurling*, natürlich«, sagte MacDonald.

»Meine Herren, Position einnehmen!«

Angus schickte sich an, die Stufen zu erklimmen.

»Schafsmägen richtig halten! Sonst plumpsen sie auf den Boden!«

Das obere Stockwerk bot den enormen Vorteil, Missie Grissie nicht mehr zu sehen. Zwanzig Minuten vergingen, dreißig, und nach einer Stunde musste Angus vehement gegen das Einschlafen kämpfen. PING. War das ein Trillerpfiff oder nicht? MacDonald schob das Fenster nach oben. Zu sehen: zwei White Demons. Ihre Mienen entschlossen zu nennen, wäre eine schmähliche Untertreibung. Sie waren mittelgroß, bullig, und der Gourmet fürchtete, nicht schnell genug zu sein, als bereits PING-PING ertönte. Ohne weiter nachzudenken, warf er seinen ersten Haggis. Er platzte beim Aufprall und beschmutzte den Hauseingang. Die beiden Individuen blickten nach oben. Einer bückte sich, beschnupperte die Füllung und fiel in Ohnmacht! Sein Kumpan zog ihn an den Armen in sicheres Terrain. Miss Armour musste die Schafsmägen mit einem Kampfstoff injiziert haben! Der noch kampffähige Rocker kehrte zurück. Plopp! Ein Haggis aus dem ersten Obergeschoss, Miss Armours Station, landete direkt auf seinem Kopf. Das Gesicht konnte er sich waschen, aber die Flecken auf dem weißen T-Shirt waren mehr als misslich. Wutentbrannt wischte sich der Demon die gröbsten Brocken vom Leib. Noch zwei Schritte und er schlug die Faust gegen die Tür. Griselda warf ihren zweiten Haggis. Platsch! Noch ein Volltreffer und der Kopf bis zur Unkenntlichkeit besudelt! Der Mann fuhr sich mit beiden Händen übers Gesicht. »Ihr habt sie ja nicht alle!«

»Bleiben Sie im eigenen Hofe!«, konterte die Diplom-Oecotrophologin. Angus hörte, wie sie ins Erdgeschoss rannte und dabei weitere Anweisungen gab. »Mister Reginald, Türe öffnen, alle zugleich jetzt!«

Zugleich was?, wollte MacDonald gerne wissen und presste das Gesicht gegen die Scheibe, als bereits ein Trommelfeuer von schweren Weihnachtsküchlein auf den Rocker prasselte. Chancenlos gegen solches Bombardement fiel er zu Boden und regte sich nicht mehr. Reginald kam mit einem Strick gerannt und fesselte ihn.

»Ihr Schweine! Das geht doch nicht! Bindet mich sofort los! Freiheitsberaubung.«

»Sollte der zweite Herr auch ins Haus geschafft werden?«, rief MacDonald von oben.

»Gute Idee!«

»Los, reden Sie endlich!«, drohte Miss Armour.

Die Rocker saßen auf Küchenstühlen, dank Reginalds Militärausbildung völlig bewegungsunfähig. Gelegentlich fielen Haggis-Brocken auf den Boden.

»Sonst passiert was?«

»Sie bekommen weitere Wurfgeschosse ab!«

»Nein, bitte nicht! Ich leide an einer Wildallergie.«

»Weichling«, sagte der andere Dämon verächtlich.

»Kann doch nichts dafür. Selbst als Kind war es so.«

»Haben Sie schon überlegt, eine Therapie zu machen?«, fragte MacDonald. »Traumatische Ereignisse der Kindheit könnten ursächlich sein.«

»Nein!« Miss Armour hielt einen Arm dicht am Körper, den anderen hinter dem Rücken. »In der Oecotrophologie gehen wir von angeborenen Defekten aus.«

»Verlobte, wir kommen vom Verhör ab.«

Der robustere Rocker drehte den Kopf hin und her. »Quatsch, Verhör!«

»Dir werd ich's zeigen, Bursche!«

»Dad, bleiben wir bitte zivilisiert.«

»Macht ohne mich weiter. Ich geh fernsehen.«

»Denken Sie das Gleiche wie ich, Mister MacDonald?«, fragte Miss Armour.

Ja, und wie gespenstisch war das! Sein Vater würde im Wohnzimmer die Bar inspizieren! »Kommen wir zur Sache. Hat einer von Ihnen Apolonia Hope-Weir belästigt?«

Dem Allergiker war die Angst vor neuer Ohnmacht ins Gesicht geschrieben. »Wir kaufen unsere Marmeladen bei dem Mädchen. Warum sollten wir es denn niederboxen?«

»Außerdem ist sie Sophies Chefin!«

»Erpressung könnte ein Motiv sein«, erklärte MacDonald. »Sie wären nicht die Ersten in diesem Bereich.«

»Geld? Haben wir genug. Außerdem hängt Sophie an ihrem Job.«

Malcolm kehrte mit einem antiken Fotoapparat zurück. »Jetzt werden die Gangster abgelichtet.«

»Dad, ist das immer noch der Film von unseren letzten großen Ferien?«

»Ay, wenn du es unbedingt wissen musst, Mister Detektiv.«

»Nach Jahrzehnten in der Kamera taugt der nichts mehr.«

»Doch! Hab' den Apparat gerade geöffnet und nachgesehen.«

»Miss Armour, dürften wir Sie bitten?«, fragte Angus.

»Schwierig, denn ihr Vater hegt einen Groll, weil ich technisch versierter bin.«

»Stimmt doch überhaupt nicht.«

»Lasst uns die Aufnahmen machen und die Burschen dann wegjagen«, schlug Angus vor.

»Prima, Kleiner! So machen wir's!«

»Ich nehme an, nach seinem missglückten Angriff schmissen die Dämonen Jakie raus«, erklärte MacDonald senior.

MacDonald nickte. »Hallidays Racheaktion erfolgte auf eigene Faust. Aber woher wusstet ihr, dass der Angriff heute stattfindet?«

»Die Idioten haben uns Drohbriefe geschickt.«

»Mit dem Tag des Angriffs versehen?«

»Ay, deshalb hat Grissie die Haggis in deinem Eisfach deponiert. An jedem angedrohten Tag hielten wir uns dann in der Nachbarschaft auf.«

»Bitte?«

»Wir saßen in Grissies Auto, wenn du es genau wissen möchtest.«

»Aber nur heute seid ihr reingekommen und habt alles vorbereitet …«

»Hab' die Sache nicht so ernst genommen wie Grissie und heute hatte sie eben ein besonders schlechtes Gefühl.«

»Gefühl?«, wiederholte Angus.

»Sie hörten richtig. Frauen sollen so etwas haben!«, stellte Griselda Armour fest.

»Er schläft noch«, sagte Alberto leise.

»Die beiden Gentlemen machten keinen Hehl aus ihrer Wichtigkeit.«

Angus drückte sein schweres Plüschkopfkissen auf die Ohren und hörte sie noch immer vor seinem Zimmer palavern!

»Sie übernehmen die Verantwortung, Reggie.«

»Mein Name ist Reginald.« Der Butler klopfte an die Tür. »Sir, ich bitte um Entschuldigung, wieder so früh zu stören.«

»Werft die Haggis ohne mich!«, sagte MacDonald im Halbschlaf.

»Nein, ich fürchte, es sind Eindringlinge anderer Art.«

»Von mir aus!« Wichtiger Grund für MacDonalds Berufswahl war, dass er ungern mitten in der Nacht aufstand!

»Kriminalpolizei, Sir. Kann ich den Gentlemen sagen, dass Sie gleich zu ihnen stoßen?«

»Muss das sein?«

»Alternativ wurde angeregt, dass man sich in Ihrem Schlafgemach bespricht.«

»Das fehlte noch! Ich bin in fünf Minuten unten.« Daraus wurden zehn, und als MacDonald sich anschickte, die Treppe hinunterzugehen, kamen ihm die Beamten bereits entgegen, in den besten Jahren und wie er gefällig bemerkte, mit leichtem Übergewicht. »Meine Herren, bemühen Sie sich bitte nicht. Ich komme zu Ihnen. Wie versprochen.«

Der ältere der beiden sah auf seine Armbanduhr.

»Bitte um Entschuldigung für die Verspätung.« Im Erdgeschoss angekommen, bat er sie ins Wohnzimmer. »Nehmen Sie bitte Platz, Gentlemen. Darf ich fragen, worum es geht?«

»Sind Sie mit Chiara Hope-Weir bekannt, Sir?«

MacDonald schwante Übles. »Einmal traf ich die junge Frau und danach telefonierten wir noch.«

»Das ist alles?«

»Jawohl.«

»Ist das Ihre Visitenkarte, Mister MacDonald?«

Der Gourmet blickte auf die Karte. »So ist es. Wo haben Sie die her?«

»Aus Miss Hopes Wohnung.«

»Geht es Miss Chiara gut?«

»Hatten Sie kürzlich Streit?«

»Nein, im Gegenteil. Ich bot Miss Hope-Weir meine Hilfe an, weil sie sich von einem gewissen Keith Howatson bedroht fühlte.«

»Ehemann von Rona Howatson?«

»Exakt.«

»Wie hätte Ihre Hilfe ausgesehen, Mister MacDonald?«

»Einen Ringkampf hätte ich nicht mit Howatson ausgetragen, wenn Sie das meinen.«

»Vermutlich würden Sie in verschiedenen Klassen kämpfen.«

»Falls das spaßig sein soll ...«

»Nur eine simple Observation.«

»Sie müssen es ja wissen!« Es war eine Sache, in aller Herrgottsfrüh geweckt zu werden. Aber musste man sich auch noch im eigenen Heim verspotten lassen?

»Chiara Hope-Weir ist tot.«

MacDonald sprang, höchst selten zu sehen, von seinem Sessel auf. »Was sagen Sie da?«

»Spaziergänger machten den grausigen Fund am River Leith.«

»Wann denn?«

»Vorgestern.«

»Die junge Frau ist ertrunken? War es eine Überdosis Rauschgift?«

»Leider können wir Ihnen das nicht mitteilen.«

»Natürlich, Sie haben Ihre Vorschriften.«

»Nein, es muss erst noch eine Obduktion vorgenommen werden.«

»Konnten Sie Mister Howatson schon befragen?«

»Er ist flüchtig. Kennen Sie den Wohnsitz der Howatsons?«

»Nur den Ort, wo ihr Fahrzeug geparkt ist. Beim Zoo.«

»Da waren wir bereits. Auf der Fläche steht ein anderes Fahrzeug.«

»Verzeihung, aber könnten Sie über das CCTV-Netz nicht mehr herausfinden? Wir haben doch überall in der Stadt diese Überwachungskameras.«

»Mister MacDonald, wir danken Ihnen für das Gespräch.«

Vier Wochen später konnte MacDonald seinen Butler nach kurzer Gegenwehr davon überzeugen, sich einen freien Tag in der Woche zu nehmen. »Sie sind nun fest angestellt. Hält es Sie noch länger bei mir, denkt man über zwei Tage nach.« Reginald wählte den Mittwoch und so saßen die zwei Detektive zur Manöverbesprechung, Albertos neuem Lieblingswort, in der MacDonaldschen Küche und tranken Kaffee von *Brodies*. »Verdammt guter Kaffee, Angus. Als Italiener verstehe ich etwas davon. Willst du anfangen?«

»Also gut. William kennt jemanden bei der Kriminalpolizei und hat sich für uns erkundigt.«

»Jetzt muss sich dein Bruder bestimmt im Parlament verstärkt für die Polizei einsetzen.«

»Es könnte sein. Keith Howatson ist immer noch flüchtig. Man denkt darüber nach, international zu fahnden.«

»Ui! Dann sind die beiden bestimmt längst über alle Berge.«

»Tatsächlich wird Mrs Howatson auch gesucht.«

»Ebenfalls wegen Mordes?«

»Immer der Reihe nach. Den Mann sucht die Polizei wegen Mordes. Er erwürgte die arme Chiara und warf sie in den Fluss. Er wurde wohl von mehreren CCTV-Kameras aufgenommen. Ich erfuhr auch, dass er mehrere Vorstrafen hat, unter anderem wegen Körperverletzung. Der Dame unterstellt man Beihilfe zum Mord. Außerdem konnte ich ihrem Konto Betrug hinzufügen. Noch Kaffee, Alberto?«

»Sisi, gerne. Erzähl ruhig weiter dabei.«

»Ich versuchte, mir auf die Bruchstücke unserer Ermittlung einen Reim zu machen. Von Beginn an kam mir erklärungsbedürftig vor, dass Apolonia die Ermittlungen unliebsam waren, sie sich fast dagegen wehrte. Sie musste also wegen irgendetwas ein schlechtes Gewissen haben. Weil die Rezepte nicht von ihr stammten?«

»So wie Chiara es behauptete!«

»Exakt.«

»Aber wer hat Apolonia verprügelt?«

»Sehr gute Frage, die ich mir auch stellte.«

»Howatson! In unserem Fall ist er der einzige Schläger.«

»Schon, aber mit welchem Motiv?«

»Non so, weiß ich nicht.«

»Um Apolonia zu etwas zu bewegen …«

»Si?«

»Hier schlage ich wieder den Bogen zu Mrs Howatsons Betrug. Aus einer Intuition heraus annoncierte ich im ›Scotsman‹. Der Text lautete: ›Suche Autorinnen und Autoren, die bei Howatson unter Vertrag stehen.‹ Dreißig geprellte Menschen meldeten sich. Wie sich herausstellte, besaßen alle so eine Art Vertrag, hörten nach Unterzeichnung jedoch nichts mehr von der Verlegerin …«

»Erklär bitte, Angus.«

»Gewöhnlich erhält der Autor von jedem verkauften Buch einen gewissen Prozentsatz. Bei den schwarzen Schafen der Verlagsbranche ist das nicht der Fall. Außerdem müssen die Autoren für die Herstellung ihres Buches aufkommen.«

»Wieso hat Apolonia sich darauf eingelassen?«

»Eitelkeit könnte ein Grund sein. Immerhin hat sie für ihr Alter eine beachtliche Karriere gemacht. Zur Krönung dann das Buch, wir sind alle aus Fleisch und Blut. Ich erinnere mich noch genau an den Tag, als die Kiste mit den Belegexemplaren meines ersten Buchs eintraf.«

»Du bekommst aber doch Geld dafür?«

»Ja, gewiss, und vielleicht erhielte sie auch einen gewissen Betrag pro Buch.«

»Wie machten die Howatsons ihre Autoren ausfindig?«

»Aggressive Akquise. Du erinnerst dich, dass Keith Howatson Apolonia auf dem Stockbridger Markt aufspürte. Mit den anderen Autoren lief es genauso ab. Mal war es eine Kellnerin, dann der Barmann mit Whisky-Buch oder die Delikatessen-Verkäuferin. Bei jedem Einzelnen spionierte der mutmaßliche Mörder im Privatleben der Autoren herum. Sowie er ihnen den Mund wässrig gemacht hatte, kam seine glanzvolle Gattin mit ihren Überredungskünsten ins Spiel.«

»Howatson schnüffelte, um sie in Schach zu halten, falls sie später doch Geld wollten?«

»Eventuell. Bei Apolonia bekam Howatson heraus, dass Apolonias Rezepte von der Großmutter stammten, diese sie aber ursprünglich Chiara geschenkt hatte.«

»Mein Gott, ist das arme Mädchen deswegen auf Abwege geraten?«

»Wir können es nicht ausschließen, Alberto. Ich vermute, dass die beiden unfeinen Howatsons den Sachverhalt als Publicity-Skandal ausschlachten wollten. Apolonia sollte möglicherweise ein Statement herausgeben, in dem sie die Anschuldigungen ihrer Schwester dementierte.«

»Aber Chiara besaß doch die originale Kochbuchkladde.«

»Im schlimmsten Fall wäre gesagt worden, sie hat sie Apolonia gestohlen, und wer glaubt einer Drogensüchtigen?«

»Howatson brachte die Kladde an sich. Kein guter Schachzug!«

»Nein, hier handelte er auf eigene Faust. Seiner Frau kann man einiges vorwerfen. Doch dumm ist sie nicht. Was sie wiederum extrem störte, waren politische Botschaften auf den Marmeladengläschen.«

»Was geht sie das an?«

»Gar nichts. Aber sie dachte wohl, es schmälert den Verkauf von Apolonias Kochbuch.«

»Kann ich nicht verstehen«, sagte Alberto. »Schräge Frau!«

»Ich wiederhole mich. Mein Verleger ist ein tadelloser Gentleman. Bei dieser Dame handelt es sich um eine unrühmliche Ausnahme, wie es sie wohl in jeder Branche gibt.«

»Das heißt auch, die Rocker sind unschuldig.«

»Wie man's nimmt. Tätliche Angriffe und Mordversuch können wir kaum als harmlos abhandeln.«

»Unschuldig, was die Affäre Hope-Weir betrifft.«

»Wenn man es so formulieren möchte.«

»Denkst du, dass die Kerle uns wieder belästigen?«

»Nach meiner Einschätzung haben sie endgültig genug.«

»Molto bene. Dann kann ich endlich mit Maria in Urlaub fahren.«

»Ihr beiden habt euch versöhnt? Wie schön.«

»Fehlen nur noch du und deine Karen.«

»Tja …«

»Will mir kurz die Hände waschen.«

Normalerweise sprach Alberto davon, auf die Toilette zu gehen. Das Umschreiben primärer Bedürfnisse war seine Sache nicht. Ob es ebenfalls eine Art Chiffre war? Kurz darauf trat Karen ins Zimmer.

»Frau Doktor, welch angenehme Überraschung.«

Sie setzte sich auf seinen Schoß und küsste ihn. »Dummkopf! Grissie hat mir von deinen Heldentaten erzählt. Das hättest du auch selbst machen können.«

»Theoretisch ja, doch leider hielt mich das praktische Leben mit seinen vielen Anforderungen davon ab und …«

Karen küsste ihn ein zweites Mal, etwas inniger und lauter.

»Höre ich da Hochzeitsglocken läuten?«, rief Miss Armour vom Flur aus.

»Ist meine gesamte Familie da draußen versammelt?«

Malcom öffnete die Tür, eine Mundharmonika in der Hand. Miss Armour brachte einen dicken Leuchtmarker mit, den sie als Mikrofon zu benutzen gedachte. Angus hatte keinen Schimmer, was auf ihn zukam. Aber Karen, auf seinem Schoß sitzend, heiterte ihn auf!

»Vermassele das bloß nicht wieder, Kleiner«, flüsterte MacDonald senior neben seinem Ohr. »Du bist nicht mehr der Jüngste.«

»Nein, Dad, das werde ich gewiss nicht tun. Keine Sorge.«

»Ist er bereit, Malci?«

»Wozu denn, bitte?«

»Dein Vater und seine Verlobte studierten eine schöne Bluesnummer ein«, sagte Karen.

»Yep! Haben wir in Kentucky gehört.«

»Wunderbar. Aber sollten wir nicht einen schönen Whiskey dazu trinken? Vielleicht Michter's Toasted Barrel Finish Sour Mash? Ein wunderbarer Tropfen!«

Karen legte ihm den Zeigefinger auf den Mund und er verstummte glücklich.

Rezepte

Angus MacDonalds Marmeladen

Bitterorangen, Hafermilch, Meersalz

Bitterorangen, Maulbeeren, Reissirup

Bitterorangen, Drambuie, Zitronensaft

Bitterorangen, Laphroaig Scotch Whisky, Shortbread

Blutorangen, Heidelbeeren, Wermut

Grapefruits, Irn Bru, Oatcakes

Zitronen, Maronen, Nelken

Zitronen, Himbeeren, Tequila

Bitterorangen, Hafermilch, Meersalz

Das Meersalz bildet einen schönen Kontrast zur Süße von Obst und Zucker. Vertrauen Sie Angus MacDonald!

Zutaten für viereinhalb Einmachgläser à 440 ml

ein kg Bio-Bitterorangen
ein l Haferdrink
ein TL Meersalz
500 g Gelierzucker

Und so wird's gemacht

Bitterorangen unter fließend warmem Wasser gut abbürsten. Abtrocknen, in dünne Scheiben schneiden und diese zerkleinern. Sehr faserige Stücke und Kerne dabei entfernen. Das geht am besten, indem man ein Sieb über den Einmachtopf gibt und die Kerne mit einer Gabel entfernt. Auf diese Weise geht auch kein Saft verloren.
Die entkernten Stücke mit Haferdrink und Meersalz in den Einmachtopf geben. Deckel auflegen und über Nacht relaxen lassen.
Am nächsten Tag aufkochen und dann bei mittlerer Hitze mindestens 15 Minuten weiterkochen.
Vom Herd nehmen und pürieren. Wenn das eine oder andere Fruchtstück heil bleibt, macht das nichts.
Gelierzucker einrühren.
Abermals aufkochen und mindestens drei Minuten sprudelnd weiterkochen, bis die Marmelade geliert. Darauf achten, dass nichts anhängt.
Beim Einfüllen sollten Fruchtstücke, die eventuell noch enthalten sind, nicht über die Oberfläche der Marmelade herausragen.

Bitterorangen, Maulbeeren, Reissirup

Maulbeeren schmecken leicht säuerlich und freuen sich über die Gesellschaft von bitteren Orangen.

Zutaten für fünf Einmachgläser à 440 ml

ein kg Bio-Bitterorangen
100 g getrocknete Maulbeeren
1,1 l Wasser
drei EL Reissirup
500 g Gelierzucker

Und so wird's gemacht

Bitterorangen unter fließend warmem Wasser gut abbürsten. Abtrocknen, in dünne Scheiben schneiden und diese zerkleinern. Sehr faserige Stücke und Kerne dabei entfernen. Das geht am besten, indem man ein Sieb über den Einmachtopf gibt und die Kerne mit einer Gabel entfernt. Auf diese Weise geht auch kein Saft verloren.
Mit sämtlichen Zutaten außer dem Gelierzucker in den Einmachtopf geben. Deckel auflegen und über Nacht relaxen lassen.
Am nächsten Tag aufkochen und dann bei mittlerer Hitze mindestens 15 Minuten weiterkochen.
Vom Herd nehmen und pürieren. Wenn das eine oder andere Fruchtstück heil bleibt, macht das nichts.
Gelierzucker einrühren.
Abermals aufkochen und mindestens drei Minuten sprudelnd weiterkochen, bis die Marmelade geliert. Darauf achten, dass nichts anhängt.
Beim Einfüllen sollten Fruchtstücke, die eventuell noch enthalten sind, nicht über die Oberfläche der Marmelade herausragen.

Bitterorangen, Drambuie, Zitronensaft

Wir danken Bonnie Prince Charlie, ohne den dieses Rezept nicht möglich gewesen wäre. Prinz Charles Edward Stuart wollte Schottland 1746 in die Unabhängigkeit führen, scheiterte aber letztlich mit seinen Truppen im Moor von Culloden. Zur Flucht verhalf ihm John MacKinnon und sein Clan. Zum Dank bekam er vom Prinzen das Rezept seines Hauslikörs geschenkt.

Zutaten für viereinhalb Einmachgläser à 440 ml

- ein kg Bio-Bitterorangen
- ein l Wasser
- dreizehn EL Drambuie
- zwei EL Zitronensaft
- 500 g Gelierzucker

Und so wird's gemacht

Bitterorangen unter fließend warmem Wasser gut abbürsten. Abtrocknen, in dünne Scheiben schneiden und diese zerkleinern. Sehr faserige Stücke und Kerne dabei entfernen. Das geht am besten, indem man ein Sieb über den Einmachtopf gibt und die Kerne mit einer Gabel entfernt. Auf diese Weise geht auch kein Saft verloren.
Mit Wasser, fünf Esslöffel Drambuie und Zitronensaft in den Einmachtopf geben. Deckel auflegen und über Nacht relaxen lassen.
Am nächsten Tag aufkochen, weitere fünf Esslöffel Drambuie dazugießen und bei mittlerer Hitze mindestens 15 Minuten weiterkochen.
Vom Herd nehmen und pürieren. Wenn das eine oder andere Fruchtstück heil bleibt, macht das nichts.
Gelierzucker einrühren.

Abermals aufkochen und mindestens drei Minuten sprudelnd weiterkochen, bis die Marmelade geliert. Darauf achten, dass nichts anhängt. Drei Esslöffel Drambuie dazugießen.
Beim Einfüllen sollten Fruchtstücke, die eventuell noch enthalten sind, nicht über die Oberfläche der Marmelade herausragen.

Bitterorangen, Laphroaig Scotch Whisky, Shortbread

Sie sollten getorften Scotch Whisky mögen und besonders Laphroaig. Es empfiehlt sich der Zehnjährige.

Zutaten für neuneinhalb Einmachgläser à 440 ml

zwei kg Bio-Bitterorangen
zwei l Wasser
vier EL Laphroaig
150 g Shortbread Fingers
300 ml Laphroaig
ein kg Gelierzucker

Und so wird's gemacht

Bitterorangen unter fließend warmem Wasser gut abbürsten. Abtrocknen, in dünne Scheiben schneiden und diese zerkleinern. Sehr faserige Stücke und Kerne dabei entfernen. Das geht am besten, indem man ein Sieb über den Einmachtopf gibt und die Kerne mit einer Gabel entfernt. Auf diese Weise geht auch kein Saft verloren.
Die zwei Liter Wasser in einen Topf geben. Zwei Esslöffel Laphroaig dazugießen. Rühren.
Shortbread vierteln und über dem Topf zerbröseln. Mischung etwa fünf Minuten ziehen lassen.
Zu den Bitterorangen in den Einmachtopf geben. Rühren, Deckel auflegen und über Nacht relaxen lassen.
Am nächsten Tag aufkochen, zwei Esslöffel Laphroaig dazugießen, dann etwa 25 Minuten köcheln.
Pürieren. 150 ml Laphroaig dazugießen.
Gelierzucker dazugeben, abermals aufkochen und mindestens drei Minuten sprudelnd weiterkochen, bis die Marmelade geliert. Darauf achten, dass nichts anhängt.

Weitere 150 ml Laphroaig dazugießen.
Beim Einfüllen sollten Fruchtstücke, die eventuell noch enthalten sind, nicht über die Oberfläche der Marmelade herausragen.

Blutorangen, Heidelbeeren, Wermut

Wer sich an den bitteren Geschmack dieser Marmelade herantasten möchte, verwendet zunächst einen Teelöffel Wermut. Zur Erhöhung der Dosis fragen Sie weder Arzt noch Apotheker, sondern Ihren Geschmackssinn. Ich empfehle maximal einen Esslöffel.

Zutaten für fünf Einmachgläser à 440 ml

ein kg Bio-Blutorangen
300 g Heidelbeeren
ein l Wasser
ein TL gemahlener Wermut
800 g Gelierzucker

Und so wird's gemacht

Blutorangen unter fließend warmem Wasser gut abbürsten. Abtrocknen, in dünne Scheiben schneiden und diese zerkleinern. Sehr faserige Stücke und Kerne dabei entfernen.
Mit Heidelbeeren, Wasser und Wermut in den Einmachtopf geben. Deckel auflegen und über Nacht relaxen lassen.
Am nächsten Tag aufkochen und dann mindestens 30 Minuten köcheln. Darauf achten, dass nichts anhängt.
Pürieren. Gelierzucker einrühren.
Abermals aufkochen und mindestens drei Minuten sprudelnd weiterkochen, bis die Marmelade geliert. Darauf achten, dass nichts anhängt.
Beim Einfüllen sollten Fruchtstücke, die eventuell noch enthalten sind, nicht über die Oberfläche der Marmelade herausragen.

Grapefruits, Irn Bru, Oatcakes

Hm … bitteres Obst, süße Limonade und herbe Kekse? Doch, das funktioniert sehr gut.

Zutaten für dreieinhalb Einmachgläser à 440 ml

ein kg Bio-Grapefruits
100 g Oatcakes
660 ml Irn Bru
450 ml Wasser
500 g Gelierzucker

Und so wird's gemacht

Grapefruits unter fließend warmem Wasser gut abbürsten. Abtrocknen, in dünne Scheiben schneiden und diese zerkleinern. Sehr faserige Stücke und Kerne dabei entfernen. Mit den grob zerkleinerten Oatcakes in den Einmachtopf geben. Irn Bru und Wasser mischen. In den Topf gießen. Rühren. Deckel auflegen und über Nacht relaxen lassen.
Am nächsten Tag aufkochen und dann etwa 25 Minuten köcheln. Darauf achten dass nichts anhängt.
Pürieren. Gelierzucker einrühren.
Abermals aufkochen und mindestens drei Minuten sprudelnd weiterkochen, bis die Marmelade geliert. Darauf achten, dass nichts anhängt.

Zitronen, Maronen, Nelken

Zitronen sind vielseitiger, als ihnen zugetraut wird. Hier eine Variante mit Maronen und Nelken.

Zutaten für etwa viereinhalb Einmachgläser à 440 ml

800 g Bio-Zitronen
100 g geschälte und gegarte Maronen
900 ml Wasser
ein halber TL Nelken
900 g Gelierzucker

Und so wird's gemacht

Zitronen unter fließend warmem Wasser gut abbürsten. Abtrocknen, in dünne Scheiben schneiden und diese zerkleinern. Sehr faserige Stücke und Kerne dabei entfernen. Mit Maronen und Wasser im Einmachtopf mischen. Deckel auflegen und über Nacht relaxen lassen.
Am nächsten Tag aufkochen und dann köcheln. Nach etwa 10 Minuten die Nelken kleinmahlen und einrühren. Weitere 15 Minuten köcheln.
Pürieren. Gelierzucker einrühren.
Abermals aufkochen und mindestens drei Minuten sprudelnd weiterkochen, bis die Marmelade geliert. Darauf achten, dass nichts anhängt.

Zitronen, Himbeeren, Tequila

Auch ein waschechter Schotte braucht mal Abwechslung. Deshalb verwenden wir bei diesem Rezept Tequila.

Zutaten für achteinhalb Einmachgläser à 440 ml

- 1,4 l Wasser
- vier EL Tequila
- ein kg Bio-Zitronen
- 600 g (tiefgefrorene) Himbeeren
- 200 ml Tequila
- 1,2 kg Gelierzucker

Und so wird's gemacht

Das Wasser in einen Einmachtopf geben. Zwei Esslöffel Tequila dazugießen.
Zitronen unter fließend warmem Wasser gut abbürsten. Abtrocknen, in dünne Scheiben schneiden und diese zerkleinern. Sehr faserige Stücke und Kerne dabei entfernen. Mit den Himbeeren in den Topf geben.
Deckel auflegen und über Nacht relaxen lassen.
Am nächsten Tag aufkochen, zwei Esslöffel Tequila dazugießen, dann etwa 25 Minuten köcheln.
Pürieren. 100 ml Tequilla und den Gelierzucker dazugießen.
Abermals aufkochen und mindestens drei Minuten sprudelnd weiterkochen, bis die Marmelade geliert. Darauf achten, dass nichts anhängt.
Weitere 100 ml Tequila dazugießen.
Beim Einfüllen sollten Fruchtstücke, die eventuell noch enthalten sind, nicht über die Oberfläche der Marmelade herausragen.

Apolonias Crazy-Jam-Marmeladen

Pastinaken, Mangos, Tempranillo

Schinken, Sauerkirschen, IPA

Rhabarber, Heidelbeeren, Sojasoße

Kürbis, Chilis, Schokolade

Pastinaken, Mangos, Tempranillo

Der Pastinaken-Geschmack ist sehr dezent. Es dominiert die Mango.

Zutaten für viereinhalb Einmachgläser à 440 ml

- 1 kg Pastinaken
- 100 g getrocknete Mango
- 700 ml Tempranillo (oder ein ähnlicher Rotwein)
- 1 l Wasser
- 1 kg Gelierzucker

Und so wird's gemacht

Pastinaken schälen und in kleine Stücke schneiden, etwa einen halben Zentimeter dick. Mit Mangos und Rotwein in den Einmachtopf geben.
Über Nacht relaxen lassen.
Am nächsten Tag stark aufkochen. Bei mittlerer Hitze etwa 15 Minuten weiterkochen. 500 ml Wasser einrühren. Nach 15 Minuten erneut 500 ml Wasser einrühren und weitere 30 Minuten kochen. Während der gesamten Zeit darauf achten, dass nichts anhängt.
Pürieren. Gelierzucker einrühren und stark erhitzen. Mindestens drei Minuten sprudelnd aufkochen, bis die Marmelade geliert. Darauf achten, dass nichts anhängt.

Schinken, Sauerkirschen, IPA

Nuss-Schinken oder Dörrfleisch, das ist hier die Frage. Für den Anfang empfehlen wir die schlankere Variante. In jedem Fall eine Schinkenmarmelade, die sich gewaschen hat, und zwar mit gut gehopftem Bier: IPA (India Pale Ale). Ein britischer Vertreter der Kategorie Ale, zu dem viele deutsche Brauer fanden.

Zutaten für eineinhalb Einmachgläser à 440 ml

200 g Nuss-Schinken, dünne Scheiben
ein EL Butter
ein TL süßes Paprikapulver
200 g Sauerkirschen (aus dem Glas)
250 ml IPA
350 g Gelierzucker

Und so wird's gemacht

Schinkenscheiben klein schneiden.
Butter im Einmachtopf erhitzen. Paprikapulver dazugeben und bei mittlerer Hitze eine Minute braten.
Schinken dazugeben und nach etwa fünf Minuten die Sauerkirschen.
Zehn Minuten bei mittlerer Hitze braten.
Langsam das Bier dazugießen. Nach etwa zehn Minuten bei mittlerer Hitze den Topfinhalt pürieren.
Gelierzucker einrühren, aufkochen und mindestens drei Minuten sprudelnd kochen, bis die Marmelade geliert. Darauf achten, dass nichts anhängt.
Nach dem Abfüllen mindestens einen Monat relaxen lassen.

Rhabarber, Heidelbeeren, Sojasoße

Sojasoße aus Indonesien ist vergleichsweise süß und schmiegt sich gerne an die anderen Zutaten an.

Zutaten für dreidreiviertel Einmachgläser à 440 ml

ein kg Rhabarber (geschält: etwa 700 g)
300 g (tiefgefrorene) Heidelbeeren
200 ml Wasser
600 g Gelierzucker
ein TL indonesische Sojasoße

Rhabarber waschen, Enden kappen. Rest, wo nötig, schälen, dann klein schneiden. Faserige Teile dabei entfernen. Rhabarberstücke mit dem Rest der Zutaten (außer der Sojasoße) in den Einmachtopf geben. Rühren, Deckel auflegen und über Nacht relaxen lassen.
Am nächsten Tag Topfinhalt stark erhitzen, Sojasoße dazugeben und bei mittlerer Temperatur etwa 15 Minuten weiterkochen.
Pürieren.
Erneut aufkochen und mindestens drei Minuten sprudelnd kochen, bis die Marmelade geliert. Darauf achten, dass nichts anhängt.

Kürbis, Chilis, Schokolade

Angeregt wurde ich zu dieser Marmelade von einem Chili-Bier der Brewdog-Brauerei aus Aberdeen/Schottland, das stattliche 7,7 Prozent Alkohol ins Glas bringt. Meine erste Variante war höllisch scharf und schmeckte interessant. Doch eine Marmelade sollte süß sein, und so kam die Schokolade dazu und die Chilis machen sich nur noch dezent bemerkbar.

Zutaten für etwa viereinhalb Einmachgläser à 440 ml

ein kg Bio-Hokkaido-Kürbis (geschält und entkernt: 700 g)
eine große Bio-Zitrone (200 g)
drei frische Habanero-Chilis
700 ml stilles Wasser
500 g Gelierzucker
100 g Vollmilchschokolade

Und so wird's gemacht

Kürbis unter fließend warmem Wasser gut abbürsten und in vier Teile schneiden. Faserige Teile und Kerne entfernen. Kürbisviertel abtrocknen, in kleinere Stücke schneiden (etwa 1 auf 1 Zentimeter) und diese in den Einmachtopf geben.
Zitrone unter fließend warmem Wasser gut abbürsten und in dünne Scheiben schneiden. Sehr faserige Stücke und Kerne dabei entfernen. Die Scheiben kleinschneiden und in den Einmachtopf geben.
Chilis ebenfalls waschen. Stiele entfernen. Den Rest kleinschneiden und mit den Kernen in den Topf geben.
Wasser dazugießen. Deckel auf den Topf legen und die Mischung über Nacht relaxen lassen.
Aufkochen und mindestens 30 Minuten köcheln, bis Kürbis- und Zitronenstücke weich genug zum Pürieren sind.

Pürieren.
Wieder aufkochen. Erst den Gelierzucker, dann die Schokolade in kleinen Stücken einrühren.
Mindestens drei Minuten sprudelnd kochen, bis die Marmelade geliert. Darauf achten, dass nichts anhängt.
Nach dem Abfüllen mindestens einen Monat relaxen lassen.

Whiskys, die im Buch erwähnt werden

1. Glenallachie, 12 y. o., Region Speyside, Destillerie gegründet im Jahr 1967. Mögliche Jahresproduktion: 4 Millionen Liter, S. 11
2. Benriach, 12 y. o., Region Speyside, Destillerie gegründet im Jahr 1897. Mögliche Jahresproduktion: 2,8 Millionen Liter, S. 51
3. Clynelish, 14 y. o., Region Highlands, Destillerie gegründet im Jahr 1967. Mögliche Jahresproduktion: 4,8 Millionen Liter, S. 73 und S. 102
4. Cask Islay (Destillerie Caol Ila), Region Islay, Destillerie gegründet im Jahr 1846. Mögliche Jahresproduktion: 6,5 Millionen Liter, S. 134
5. Glenfiddich, IPA-Finish, Region Speyside, Destillerie gegründet im Jahr 1886. Mögliche Jahresproduktion: 13,7 Millionen Liter, S. 159
6. Glenfarclas, Fass-Stärke, Region Speyside, Destillerie gegründet im Jahr 1836. Mögliche Jahresproduktion: 3,5 Millionen Liter, S. 196
7. Michter's Toasted Barrel Finish Sour Mash, Region Kentucky/USA, Destillerie gegründet im Jahr 1753. Mögliche Jahresproduktion: 5,5 Millionen Liter in der Shively-Destillerie und 56.000 Liter in der Fort-Nelson-Destillerie, S. 219

Glossar schottischer, britischer wie kulinarischer Begriffe

Brodies of Edinburgh: Seit über 150 Jahren stellt diese Firma feine Kaffee- und Teemischungen her, die Einheimischen wie Touristen zusagen.

Destillerien in Edinburgh: In Edinburgh wurden im Jahr 2019 drei Destillerien gegründet: Crabbie's, Holyrood und Port of Leith. Glenkinchie wiederum (1837 gegründet) liegt vor den Toren der Stadt und lohnt immer einen Besuch, wie ab Ende 2020 das Johnnie Walker Visitor Experience im Herzen der Stadt und der ehemaligen Residenz des House of Fraser.

Destillerien in Glasgow: In der Stadt gibt es nun (in verschiedenen Entwicklungsphasen) die Destillen Clutha und The Clydeside, in der Umgebung befinden sich die Glasgow Distillery, Burnbrae, Lochlea und Auchentoshan.

Fet à Soller: Die Briten kaufen fast alle spanischen Bitterorangen (Seville Oranges), um ihre geliebte Marmelade zu kochen. Deshalb ist es eine besonders glückliche Fügung, dass deutsche Einköche aus Mallorca feine, naturbelassene Bitterorangen beziehen können. In einer 10-Kilo-Kiste werden die Saisonfrüchte direkt an die Haustür geliefert (www.fetasoller.com). Weil Ausnahmen die Regeln bestätigen: Mitunter können Bitterorangen auch unter dem Namen Pomeranzen in ausgewählten Biomärkten bestellt/erworben werden.

Haggis Hurling: Bei dieser Sportart wird Haggis von einer schottischen Erhebung aus so weit wie möglich geworfen. Hurling ist aber auch in den USA, in Kanada, Neuseeland und Australien beliebt. Manche Schotten vertreten die These, dass es antike Ursprünge gibt. Wahrscheinlicher ist Folgendes: Hausfrauen kochten Haggis und brachten ihn zu ihren Ehemännern, die bei der Feldarbeit waren. Um die mitunter großen Distanzen zu überwinden, wurde der Haggis von der Frau geworfen und vom Gatten mit seinem Kilt aufgefangen. Als neuzeitliche Sportart entwickelte sich Haggis Hurling als Gag: Ein gewisser Robin Dunseath platzierte eine Anzeige in einer schottischen Tageszeitung, um den »antiken« Sport wiederzubeleben. Seitdem wird bei zahlreichen Festivals und Sportveranstaltungen Haggis geschleudert!

Hobnobs: Es sei dem Autor verziehen, dass er zu diesem Keks aus seinem Buch »Schottisch kochen« (S. 39) zitiert. »Mitte der achtziger Jahre brachte die Firma McVities aus Glasgow Hobnobs auf den Markt, Haferkekse mit körnigem Äußeren.« Der Slogan der Firma spricht Bände: »One nibble and you are nobbled.« (»Ein Biss und du bist verloren.«)

Hogmanay: Silvester hat in Schottland große Bedeutung, denn aufgrund einer sehr strikten Reformation wurde das Weihnachtsfest bis zur Mitte des 20. Jahrhunderts kaum gefeiert. Für die meisten Menschen war es ein gewöhnlicher Arbeitstag, im Gegensatz zu Hogmanay. Über den Ursprung des Wortes gehen die Expertisen auseinander. Hier die wahrscheinlichste: Hogmanay stammt vom nordfranzösischen Dialektwort Hoguinane ab, das auf das altfranzösische Aguillanneuf zurückgeht, mit dem man wiederum ein Geschenk bezeichnete, das an Silvester gemacht wurde. Wie auch immer, heutzutage feiern alleine in Edinburgh an drei Tagen (beginnend am 30. Dezember) 150.000 Menschen das Fest.

Jeelie Piece: So heißt in Schottland ein Sandwich mit Marmeladenbelag; kann mit anderen Spezialitäten wie geriebenem Käse (z. B. Cheddar), Streichkäse oder Erdnussbutter kombiniert werden.

Maulbeeren: Die leicht bitteren Früchte gibt es in verschiedenen Ausprägungen. Weiße Maulbeeren (Morus alba) wachsen in China seit mindestens 5.000 Jahren. Ihre Blätter dienen Seidenwürmern als einzige Nahrungsquelle. Schwarze Maulbeeren (Morus nigra) finden sich in Großbritannien in Hülle und Fülle: Im 16. und 17. Jahrhundert importiert, versuchte man eine eigene Seidenproduktion aufzuziehen. Nicht wissend, dass die schwarze Spezies nur Menschen behagt, nicht aber dem Seidenwurm …

Radio Four: Das vierte Radioprogramm der BBC konnte bereits fünfzigsten Geburtstag feiern. Im Jahr 1967 für eine jüngere Generation gegründet, dürfte das Spektrum der heutigen Zuhörer dem vielfältigen Programm entsprechen: Sendungen zu kulturellen Themen, Kulinarik, Politik, Geschichte etc. sind vertreten.

Slow Food: Wir erlauben uns, dem Verein das Wort zu geben. »Die Slow-Food-Bewegung wurde 1986 vom Journalisten und Soziologen Carlo Petrini in der norditalienischen Stadt Bra zur Erhaltung der lokalen Esskultur ins Leben gerufen. Slow Food als internationaler Verein besteht seit 1989. Die anfänglichen Ziele des Vereins, für kulinarischen Genuss und ein moderates Lebenstempo einzutreten, verfolgt er weiterhin, doch durchaus umfassender. Denn es erwuchs bald die Einsicht, dass die bäuerliche Landwirtschaft, das Lebensmittelhandwerk und eine gesunde Umwelt für eine gute, saubere und faire Esskultur unerlässlich sind. Nach mehr als drei Jahrzehnten umfasst Slow Food weltweit Millionen von Menschen, die sich für ein Lebensmittelsystem engagieren, das auch zukünftige Generationen ernährt. Teil dieses Netzwerkes sind Aktivisten jeden Alters, Köche, Bauern, Fischer, Laien und Experten, Wissenschaftler und Forscher aus mehr als 170 Ländern.« Weiter so, bitte!

Waverley Notebook: Wer von uns hätte nicht gerne denselben Hauslieferanten wie die Queen, ihr Gatte und Prinz Charles? Der Waverley Verlag in Glasgow macht es mit seinen Notizbüchern, in hochwertigen Stoff gebunden, möglich. Hergestellt werden die karierten Bändchen vom Royal Kiltmaker und Schneider Kinloch Anderson. Seit dem 18. Jahrhundert sind die sogenannten Commonplace Notebooks in Schottland und darüber hinaus beliebt: Philosophen, Ökonomen und Schriftsteller benutzen sie, um ihre Einfälle und Ideen zu notieren: David Hume etwa, Adam Smith, Arthur Conan Doyle, der Autor der Sherlock-Holmes-Geschichten, aber auch Robert Burns und Sir Walter Scott. Dessen Zyklus historischer Romane, als Waverley Novels bekannt, verdanken die Notizbücher, wie auch der Verlag, ihren Namen. Schottische Clans haben bekanntermaßen ihr eigenes Karo, Tartan genannt, und so ist jedes Notizbuch einer solchen Großfamilie gewidmet. Walter Scott war es auch, der Tartans und Highland Dresses über die militärische Verwendung hinaus allgemein bekannt machte.

Ya stupid eejit: Schottisch für »du blöder Depp!«.

Kurze Geschichte der Bitterorangen-Marmelade

Marmalade (mit einem »a« in der Mitte) bedeutet in Großbritannien, dass Bitterorangen (Seville Oranges) verwendet wurden. Obwohl es auch Marmalades aus Zitronen oder Limetten gibt, »wird Orangenmarmelade als der Archetypus (…) betrachtet.« (Alan Davidson: »The Oxford Companion to Food«, New York, USA, 1990: Oxford University Press, S. 480). Wie es dazu kam, ist eine sehr nuancenreiche Geschichte.

Hafenbucheinträge belegen, dass bereits Ende des 15. Jahrhunderts sogenannte »Marmelada« aus Portugal importiert wurde. Damit ist der Wortursprung geklärt. Doch das südeuropäische Erzeugnis bestand aus Quitten, war von dicker Konsistenz, mit Rosenwasser und Moschus angereichert. Es wurde als Medizin verabreicht, wie auch zum Abschluss eines Dinners serviert. Weil auch Bitterorangen und Zitronen nach Großbritannien importiert wurden, ist es nicht verwunderlich, dass man irgendwann eigene, kostengünstigere Marmeladen aus jenen herstellte, ab dem 18. Jahrhundert in einer dünnen, durchsichtigen Version, als Jelly (Gelee) bekannt.

Der entscheidende kulturelle Beitrag der Schotten war, Bitterorangen-Marmelade einen neuen Platz zuzuweisen: den Frühstückstisch. Bis zum 18. Jahrhundert begann das erste Tagesmahl im hohen Norden mit einem Whisky, gefolgt von Ale, in dem eine Scheibe Toast schwamm. Manche Schotten wechselten Ale gegen Tee, begannen ihr erstes Tagesmahl aber immer noch mit Whisky. »Andere tauschten den Whisky ebenfalls aus und verzehrten lieber eine wärmende Bitterorangen-Marmelade.« (C. Anne Wilson: »The Book of Marmalade«, London, 1985: Constable and Company Ltd.)

Frank Winter
Das Auge des Feinschmeckers
Schottland-Krimi mit Rezepten
Mord und Nachschlag 12

ISBN 978-3-946938-30-9
Broschur
286 Seiten
16,90 €

Unglaublich, was für ein abscheuliches Gericht man Angus MacDonald in einem mexikanischen Restaurant in Edinburgh serviert. Der bedeutendste Gastro-Journalist Großbritanniens, gleichermaßen gefürchtet wegen spitzer Feder und feiner Zunge, kann zum ersten Mal eine Fleischsorte nicht erkennen. Nachdem er eine gepfefferte Kritik verfasst hat, fordert ein anonymer Anrufer ihn auf, seine Weisheiten in Zukunft für sich zu behalten. MacDonald lässt sich nicht einschüchtern und wird kurzerhand niedergeschlagen. Er forscht nach, um den Kriminellen das Handwerk zu legen, denn nichts weniger als die kulinarische Kultur seiner Heimatstadt steht auf dem Spiel. Unterstützt wird er von seinem italienischen Freund Alberto Vitiello, einem quirligen Guest House-Betreiber. Die beiden Detektive folgen dem Restaurant-Besitzer Francis Drake bis auf die Äußeren Hebriden. Hinter der kulinarischen Bühne betreibt Drake höchst kuriose Geschäfte. Und wer sich ihm in den Weg stellt, hat um sein Leben zu fürchten ...

Frank Winter
Dicke Luft in der Küche
Schottland-Krimi mit Rezepten
Mord und Nachschlag 15

ISBN 978-3-946938-31-6
Broschur
317 Seiten
16,90 €

Angus Thinnson MacDonald soll endlich einige Pfunde purzeln lassen: Karen Miller, seine Ärztin und Dame des Herzens in Personalunion,lässt nicht locker! In dieser Angelegenheit ein wenig ratlos, konzentriert er sich gerne auf seinen neuesten Fall. Eine junge Frau und ihre kleine Tochter sind verschwunden. Die Spur führt zu einer Sekte, die ihren Mitgliedern unmenschliche Opfer abverlangt. Furchtlos ermittelt MacDonald und mimt sogar mehrfach den Duke of Edinburgh, besser bekannt als Prinz Philip. Doch was bitte hat der Fall mit der Kulinarik zu tun?, fragt er sich. Eine ganze Menge, stellt sich langsam, aber umso sicherer heraus.
Mit von der Partie ist wieder Alberto Vitiello, italienischer Guest House-Besitzer und im Duo der Dottore Watson. Ständig im Clinch mit seinen Gästen, verdächtigt er sogar einige von ihnen. Feinschmecker MacDonald bleibt allerdings skeptisch. Als die beiden nicht mehr weiterkommen, bucht er einen teuren Kurs bei den Aerophiten, so nennt sich die Sekte, und wagt sich in ihr Zentrum …

Frank Winter

Whisky für die Engel

Schottland-Krimi mit Rezepten

Mord und Nachschlag 18

ISBN 978-3-946938-32-3

Broschur

303 Seiten

16,90 €

Alastair Carnegie, Master Blender bei McVicar and Whitelaw in Glasgow, kann sein Glück nicht fassen:
Er erhält eine Probe des legendären MacRitchie-Whiskys , der über hundert Jahre unter dem ewigen Eis der Antarktis ruhte, und kreiert diesen neu. Zwei Wochen vor der Premiere des Scotch wird er von einem Unbekannten erpresst. Carnegies Ruf steht auf dem Spiel, aber auch das Überleben der Firma, denn die edle Spirituose, der Whisky für die Engel, soll ihr aus der finanziellen Talsohle helfen. Ein Paradefall für Angus Thinnson MacDonald, der seinem alten Freund nur zu gerne unter die Arme greift. Mit seinem Detektivkollegen Alberto Vitiello fährt er nach Pitlochry, in die Highlands, wo Carnegie Urlaub macht. Doch wer ist der Täter? Ein Neider aus der Branche, der neurotische Hotelkoch, ein skurriler Arzt oder …? Den beiden Ermittlern rauchen ob der vielen Verdächtigen bald die Köpfe. Mit Hilfe einiger Scotch bewahren sie die Ruhe und ermitteln beständig weiter. Doch die Uhr tickt und der Präsentationstermin für den Jahrhundertwhisky rückt immer näher ...

Frank Winter

Currys für Connaisseure

Schottland-Krimi mit Rezepten

Mord und Nachschlag 28

ISBN 978-3-946938-34-7

Broschur

302 Seiten

16,90 €

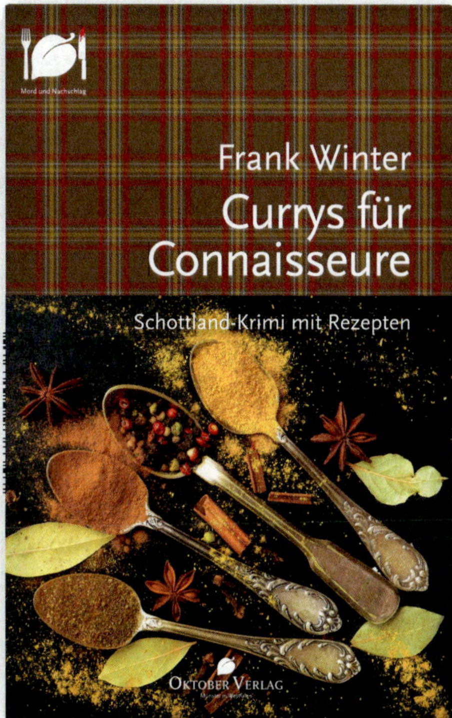

Aadi Panicker, Selfmademan aus Mumbai, ist Inhaber eines Gourmet-Imperiums. Seine hochwertigen Chutneys, Soßen und Pickles sind in Edinburghs Delikatessgeschäften und guten Kaufhäusern zu finden. Pathia-Soße begründete seinen Reichtum und deshalb hängt er abgöttisch an ihr. Dann taucht ein Unhold auf und manipuliert die Soße. Seine Tochter, deren Hochzeit nun verschoben wird, leidet mit ihm. Heimlich bittet sie Angus MacDonald um Hilfe.
Dem wird der Fall bald zu unübersichtlich und zum ersten Mal schwindet ihm die Lust zu ermitteln. Seinem Co-Detektiv Alberto Vitiello geht es ebenso. Beide Detektive könnten sich nun ihrer alltäglichen Arbeit widmen, wären da nicht der Geist in Vitiellos Guest House und die Ernährungsberaterin Miss Armour, die mit ihrer entzückenden Tochter Thomasina bei MacDonald wohnt. Sie macht ihn ausgesprochen eifersüchtig und könnte sogar in den Fall verwickelt sein. Scharfe Currys und angedrohte Leibesübungen tun ein Übriges, um unseren Feinschmecker gehörig ins Schwitzen zu bringen. Ein schottischer Gin zu Zeiten bringt Linderung!

Frank Winter
Süffiger Single Malt für MacDonald
Schottland-Krimi mit Rezepten
Mord und Nachschlag 30

ISBN 978-3-946938-41-5
Broschur
276 Seiten
16,90 €

Eines weiß Angus MacDonald genau: Zwölfjähriger Auchentoshan (sprich »Oken-to-schen«, was seine Mitmenschen partout nicht lernen wollen!) sollte anders riechen und schmecken. Glen Garioch (sprich Glen Gierie!), 12 Jahre, ebenso. Nicht zu reden von 25-jährigem Auchentoshan, und so geht es weiter! Schneller als ihm lieb ist, findet sich der bekannte Edinburgher Gourmet und Foodjournalist bei den Sammlern seltener Whiskys. Solche Menschen berappen beträchtliche Summen, um an die Objekte ihrer Begierde zu gelangen. MacDonald ermittelt unter anderem in der Whisky-Bar des luxuriösen Balmoral-Hotels, in der Scotch Malt Whisky Society, der Auchentoshan-Destillerie und in einem Auktionshaus.
Zum ersten Mal muss er ohne seinen Dottore Watson, Guest-House-Besitzer Alberto Vitiello, auskommen. Warum dieser seine Hilfe verweigert, bleibt rätselhaft. Gibt es private Gründe oder steckt sein Freund mit den Gaunern unter einer Decke? In die ermittlerische Lücke springt Emma Anderson, eine junge Frau, die sich auch privat für den Gourmet interessiert.